유니티 NGUI 게임 개발

손쉽고 간편한 게임 NGUI 제작을 위한

유니티 NGUI 게임 개발

찰스 버나도프 지음 | 조형재 옮김

[PACKT]
PUBLISHING 에이콘

BIRMINGHAM - MUMBAI - SEOUL

acorn+PACKT Technical Book 시리즈

익스프레스 프레임워크로 하는 노드 웹 앱 프로그래밍

JBoss AS 7 애플리케이션 개발

Android Studio Application Development 한국어판

이클립스 Juno 따라잡기

Selenium 웹드라이버 테스트 자동화

R과 Shiny 패키지를 활용한 웹 애플리케이션 개발

자바스크립트로 하는 유니티 게임 프로그래밍

Jersey 2.0으로 개발하는 RESTful 웹 서비스

Python Design Patterns

Kali Linux 실전 활용

Building Machine Learning Systems with Python 한국어판

JavaScript Testing

유니티 NGUI 게임 개발

Sublime Text 따라잡기

Hudson 3 설치와 운용

Git을 이용한 버전 관리

유니티 Shader Effect 제작

아파치 Solr 4 구축과 관리

Emgu CV와 테서렉트 OCR로 하는 컴퓨터 비전 프로그래밍

언리얼 UDK 게임 개발

Cuckoo 샌드박스를 활용한 악성코드 분석

Laravel 웹 애플리케이션 개발

아파치 Kafka 따라잡기

C#으로 하는 유니티 게임 개발

Storm 실시간 빅데이터 분석 플랫폼

FTK를 이용한 컴퓨터 포렌식

AngularJS로 하는 웹 애플리케이션 개발

하둡 맵리듀스 최적화와 튜닝

BackBox를 활용한 침투 테스트와 모의 해킹

D3.js를 이용한 데이터 시각화

배시 셸로 완성하는 모의 해킹 기술

HTML5 데이터 처리와 구현

안드로이드 음성 인식 애플리케이션 개발

Unity로 하는 2D 게임 개발

언리얼 UDK 게임 디자인

모의 해킹을 위한 메타스플로잇

오픈플로우를 활용한 SDN 입문

Pig를 이용한 빅데이터 처리 패턴

R을 활용한 기계 학습

네트워크 검색과 보안 진단을 위한 Nmap 6

아파치 Mahout 프로그래밍

시스템 관리자를 위한 Puppet 3

게임 데이터 분석

유니티 4 게임 프로그래밍

Splunk 구현 기술

실전 예제로 배우는 반응형 웹 디자인

R 통계 프로그래밍 입문

Hadoop과 Solr를 이용한 기업용 검색 시스템 구축

3D 프린팅을 위한 구글 스케치업

모바일 게임 디자인과 개발 가이드

지은이 소개

찰스 버나도프 Charles Bernardoff

프랑스 파리에 위치한 비디오 게임 학교인 디지털 예술 고등연구소ISART Digital
에서 게임 디자인과 레벨 디자인 전공으로 학사 학위를 받았다.

4년간 사이어나이드 스튜디오Cyanide Studio, 플레이소프트Playsoft, 에어버스Airbus
에서 게임 디자이너, 레벨 디자이너, C# 스크립터로 일했다. 블러드볼Blood
Bowl, 던전볼Dungeonbowl, 컨프론테이션Confrontation 같은 게임의 PC 버전 개발에
참여했다. 또한 스페이스런 3DSpace Run 3D, 오기Oggy, 사이코 놈즈Psycho Gnomes
같은 유니티와 플래시 모바일 게임의 개발에도 참여했다.

현재는 게임디자이너이자 유니티 개발자로 에어버스에서 PC와 모바일 기능
성 게임 프로젝트에 참여하고 있다.

더 나은 책을 만들도록 도와준 압델라만 사허, 우수아리오, 안드레아스 그렉 등 홀
륭한 기술 감수자에게 감사의 말을 전한다. 이 책을 쓰는 동안 큰 힘이 되어준 가족
과 친구에게도 감사를 표하고 싶다.

기술 감수자 소개

아드리안 델 캄포 Adrien del Campo

전산학 전공으로 서버와 DB관리를 공부했다. 시스템 관리자와 자바 프로그래머로 몇 년간 일한 뒤에 스페인 마드리드의 콤플루텐세 국립대학교 Universidad Complutense에서 게임 개발 전공으로 석사 과정을 밟으며 게임 업계로 이직을 결심한다. 그 이후 파이로 스튜디오Pyro Studios 같은 유수의 회사에서 일했으며, 현재는 미디어토닉Mediatonic에서 비디오 게임 프로그래머로 일한다. 트위터에서 @acampoh으로 그를 찾을 수 있다.

안드레아스 그렉 Andreas Grech

몰타 출신의 프로그래머이자 커피 매니아다. 소프트웨어 개발 업계에서 7년간 종사하며, 데스크톱 프로그램, 웹, 비디오 게임 프로젝트에 참여했다.

몰타대학MCAST과 프라운호퍼 협회Fraunhofer-Gesellschaft에서 학위를 받고, 뒤에는 노르웨이 오슬로에서 몇 년간 일했다. 이후 몰타로 돌아와 정착한다. 이때부터 게임 업계에 종사하며 전문적으로 유니티를 사용했다.

이후 지금까지 유니티로 웹 기반 타이핑 슈팅 게임인 타이포칼립스 3D Typocalypse 3D와 2인용 잠입 게임인 노포토 플리즈!No Photos, Please! 등의 게임을 개발했다. http://blog.dreasgrech.com에서 프로그래밍 기술을 담은 블로그를 운영한다.

필립 피어스 Philip Pierce

모바일, 웹, 데스크톱, 서버 개발, 데이터 디자인과 관리, 게임 개발 등에서 20년 경력을 지닌 소프트웨어 개발자다. 게임 AI 개발, 비즈니스 소프트웨어, 대작 타이틀의 포팅, 멀티 스레드 애플리케이션, 특허를 받은 클라이언트-서버 통신 기술 개발 등의 일을 해왔다.

2013 AT&T 개발자 회의에서 '베스트 모바일 앱' 상을 비롯해 페이팔 배틀톤 마이애미PayPal's Battlethon Miami에서 '베스트 윈도우 8 앱' 상에 입상하는 등 여러 해커톤hackathon 대회에서 수상했다. 최근에는 레일러쉬Rail Rush와 템플런 2Temple Run 2를 안드로이드 게임에서 아케이드 게임으로 컨버팅하는 프로젝트에 참여했다.

www.rocketgamesmobile.com와 www.philippiercedeveloper.com에서 포트폴리오를 확인할 수 있다.

압델라만 사허 Abdelrahman Saher

2012년 전산학 학사 학위를 취득했다. 졸업 후 비디오 게임 개발사인 에브리원플레이즈Every1Plays에서 몇몇 모바일 게임 프로젝트에 프로그래머로 참여했다. 이후 2013년 앱스이노베이트AppsInnovate의 선임 프로그래머로 자리를 옮겼다. 회사 일과는 별개로 직접 로보나이트Robonite라는 비디오 게임 개발사를 창업했다.

나에게 도움을 주고, 언제나 곁에 있어준 가족과 친구에게 감사의 말을 전한다.

옮긴이 소개

조형재 drzovil@naver.com

서울대학교 미술대학에서 금속공예를 전공했고, KAIST 문화기술대학원에서 게임 내러티브에 관한 연구로 석사 학위를 취득했다. 2000년부터 3D 애니메이션 스튜디오를 거쳐 주로 게임 개발사에서 근무했다. 구체적인 약력은 개인 홈페이지(www.zorotoss.com)에서 확인할 수 있다. 2014년 현재는 유니티를 이용해서 PC 온라인 게임을 만드는 개발사에 근무하고 있다. 유니티와 관련해 경희대학교, 가천대학교 등에서 강의를 맡았으며, 역서로는 에이콘 출판사의 『Unity 3D Game Development by Example 한국어판』, 『유니티 3D 모바일 게임 아트』, 『Unity 3 Blueprint 한국어판』, 『Unity 3.x Game Development Essentials 한국어판』, 『Unity 3 Game Development Hotshot 한국어판』, 『유니티와 iOS 모바일 게임 개발 프로젝트』가 있다.

옮긴이의 말

2014년 현재, 유니티 테크놀로지가 밝힌 등록된 개발자의 수는 200만 명을 넘어섰다. 게임 타이틀의 판매량이나 온라인 게임의 동시 접속자가 아닌, 게임 개발 도구의 사용자라는 사실을 감안하면 유니티가 내세운 '개발의 민주화'라는 목표가 허언이 아님을 실감할 수 있다. 유니티 애셋 스토어는 이러한 게임 개발 민주화의 한 축을 담당하는 곳이다.

유니티 애셋 스토어는 소수가 만들고 소수가 사용하던 기존 게임 엔진에서는 상상할 수 없는 모습을 보여준다. 개발상의 다양한 필요를 반영하는 수많은 미들웨어와 애셋이 출시됐으며, 약간의 비용으로 개발의 효율을 크게 높일 수 있다. 물론 부작용도 있다. 앱 스토어의 경우처럼, 기대하는 수준에 훨씬 미치지 못하는 실망스런 미들웨어와 애셋도 존재한다. 그러나 일부 미들웨어는 엔진의 기능을 확장하고 한계를 넘어서며, 유니티 게임 개발의 필수 요소로 자리잡았다. NGUI는 바로 그러한 애셋 스토어 미들웨어의 대표적 성공 사례라고 할 수 있다.

이 책은 유니티 미들웨어인 NGUI를 본격적으로 다룬 책이다. 기본 구조와 주요 위젯에 대한 설명을 시작으로, 게임의 메인 메뉴에 들어가는 다양한 UI 요소들을 실제로 제작하며 NGUI의 기능을 상세하게 소개한다. 독자는 이 과정에서 NGUI의 기본 활용은 물론, UI 애니메이션, 윈도우 드래그와 스크롤, 로컬라이제이션, 아이템 드래그앤드롭, C# 스크립트 활용 같은 중급 이상의 주제를 학습한다. 유니티에 대한 기본적 이해를 갖춘 상태에서 NGUI를 사용해 보려는 개발자에게 이 책을 추천한다. 또한 현업에서 UI 애셋을 만드는

UI 아티스트나 UI 기획을 담당하는 기획자에게도 이 책을 추천한다. 업무 영역의 확장을 통한 개인의 만족과 역량의 향상은 물론이고, 향상된 게임 UI를 위한 의미 있는 경험이 되리라 생각한다.

이 책으로 본격적인 학습을 시작하기 전에 두 가지 당부의 말이 있다. 첫 번째는 NGUI의 버전과 관계된 부분이다. 유니티 미들웨어는 사용자의 요구를 반영하며 빠르게 발전한다. NGUI도 예외는 아니다. 이 책은 올초에 출간된 신간이지만, 벌써 현재 NGUI 최신 버전과는 약간의 차이가 있다. 구체적으로 원서는 NGUI 3.0.2를 기준으로 작성됐다. 그러나 번역하는 현 시점에서 3.0.9가 제공되고 있다. 중간에 여러 차례 업데이트가 있었고, 특히 3.0.7에서 큰 변화가 있었다. 따라서 원서의 내용은 최대한 살리면서 최신 버전 사용자가 보기에도 문제 없도록 일부 내용을 수정했다. 또한 최신 버전에서 권장하는 사용 방법이나 이 책에서 다루지 않는 방법을 소개하기 위해 부록을 추가했다. 부록에서는 새로운 앵커 시스템, 다이나믹 폰트, 컨텍스트 메뉴, 스크롤 뷰와 테이블, 새로운 드래그앤 드롭 시스템, 이벤트 리스너와 NGUITools 클래스 등의 스크립트 활용을 설명한다. 이 책을 끝까지 읽은 후에 부록을 참고한다면 NGUI를 활용할 때 큰 도움이 될 것이다.

또 다른 당부는 예제 프로젝트에 관한 것이다. 이 책은 예제 프로젝트를 제공하지 않는다. 프로젝트를 제공하면 그 안에 NGUI 유료 카피가 포함되기 때문이다. 이런 이유에서 원서도 스크립트와 애셋만을 제공한다. 기존 다른 번역서에서는 책의 내용을 따라가는 과정에서 약간의 문제가 있어도 예제 프로젝트를 통해서 원인을 찾거나 다음 단계로 넘어갈 수 있었다. 그러나 이 책에서는 그런 예제 프로젝트가 제공되지 않고, 책의 실습 내용도 처음부터 끝까지 유기적으로 연결된다. 이 점을 감안해서 학습하는 과정에서 좀 더 주의를 기울이길 당부한다.

이 책의 번역이 유니티와 NGUI를 사용하는 독자 제현에게 도움이 되기를 희망한다.

조형재

목차

들어가며

이 책은 NGUI로 잘 알려진, Next-Gen UI 킷 초보자를 위한 책이다. NGUI라는 유니티 미들웨어에 대해서 이미 알고 있을지도 모른다. 개발자 사이에서는 쉽고 효과적인 위지윅WYSIWYG 작업 방식으로 이미 유명세를 타고 있다.

NGUI는 멋진 UI를 만들기 위해 필요한 다양한 컴포넌트와 스크립트를 제공한다. 그리고 대부분의 작업이 유니티 에디터 안에서 이뤄진다.

독자는 이 책을 통해 흥미로운 UI 제작에 필요한 지식을 얻는다. 총 일곱 개 장으로 구성된 이 책은 실용성을 지향한다. 독자는 실제로 게임의 메인 메뉴를 제작하고, 간단한 2D 게임을 만드는 과정을 경험한다.

이 책의 구성

1장, NGUI NGUI의 기본 구조와 작업 방식을 설명한다. 유니티로 NGUI를 불러오고, 첫 번째 UI 시스템을 만들어서 기본 구조를 살펴본다.

2장, NGUI 위젯 NGUI 위젯을 소개하고, 위젯 파라미터를 설정하는 방법을 설명한다. 위젯 템플릿을 이용해서 메인 메뉴를 만든다.

3장, NGUI 고급 기능 드래그앤드롭 시스템을 설명하고 드래그 패널을 만든다. 또한 애니메이션, 스크롤 텍스트, NGUI의 지역화 시스템을 살펴본다.

4장, NGUI와 C# C# 이벤트 함수와 코드 기반의 고급 컴포넌트를 소개한다.

툴팁과 알림 메시지를 만들고, 코드를 통해 트윈을 제어한다.

5장, 스크롤 뷰포트 상호작용 가능한, 전체 화면 크기의 스크롤 뷰포트를 만든다. 마우스, 스크롤 바, 키보드로 화면을 스크롤한다. 또한 드래그앤드롭이 가능한 아이템을 만드는 방법도 설명한다.

6장, 아틀라스와 폰트 자신의 스프라이트와 폰트를 이용해서 UI를 커스터마이징하는 방법을 소개한다. 앞서 만든 메인 메뉴의 모습을 바꿔 본다.

7장, NGUI 게임 NGUI의 종합적 활용과 함께, 적 생성, 사용자 입력 처리, 위젯 사이의 충돌체 감지 등 게임에서 자주 등장하는 기능을 설명한다.

한국어판 특별 부록, NGUI를 더욱 유용하게 활용하기 위한 각종 기법 새로운 앵커 시스템, 다이나믹 폰트, 컨텍스트 메뉴, 스크롤 뷰와 테이블, 새로운 드래그앤드롭 시스템, 이벤트 리스너와 NGUITools 클래스 등의 스크립트 활용을 설명한다.

이 책을 읽기 전에 필요한 사항

이 책의 내용을 학습하기 위해서는 유니티 소프트웨어가 필요하다. 유니티는 http://unity3d.com/unity/download에서 내려받을 수 있다.

유니티는 어떤 버전을 사용해도 무방하다. 그러나 가능하다면 유니티 4.X 버전을 추천한다. 인스펙터의 Add Component 버튼이나 컴포넌트를 복사하고 붙여넣는 기능 등을 알아두면 많은 시간을 아낄 수 있다. 유니티 기본 개념과 작업 방식에 대해서는 어느 정도 익숙해야 한다. 게임오브젝트, 레이어, 컴포넌트 정도는 알고 있어야 한다.

이 책에 사용된 모든 코드는 별도로 제공되며, 주석을 통해 상세한 설명을 제공한다. 따라서 코드에 익숙하지 않더라도 이해하며 따라올 수 있다.

직접 만든 스프라이트를 사용하는 부분이 있다. 애셋을 직접 만들기를 원하지 않거나 또는 만들 줄 몰라도 걱정할 필요는 없다. 이 책에 나오는 모든 애셋은 코드와 함께 내려받을 수 있다.

타샤렌Tasharen 엔터테인먼트가 개발한 NGUI 유니티 미들웨어가 필요하다. 유니티 애셋스토어에서 직접 구매하거나 http://www.tasharen.com/?page_id=140 페이지 하단에서 Buy Now 버튼을 통해 구매할 수 있다.

이 책의 대상 독자

유니티에서 효과적인 UI 솔루션을 찾고 있는 유니티 초보 사용자, 중급 사용자, 실무에 있는 개발자 모두에게 적합한 책이다.

유니티로 PC, 콘솔, 모바일 플랫폼에서 게임이나 앱을 개발하면서, 유니티 UI 시스템으로 인터페이스나 메뉴를 만드는 과정에서 많은 어려움을 겪었다면 이 책을 추천한다.

이 책을 마치면, UI 제작이 얼마나 쉽고 빠르고 재미있는지 새삼 깨닫게 된다.

이 책의 편집 규약

다양한 정보를 구분하기 위해서 이 책은 몇 개의 편집 규약을 사용한다. 여기서 각 텍스트 스타일과 그 의미를 설명한다.

본문 내에서 코드는 다음과 같이 표시한다.

"새로운 Difficulty 변수를 선언해서 현재 난이도를 저장한다."

코드 블록은 다음과 같다.

```
public void OnDifficultyChange()
{

    // 난이도가 보통으로 바뀌면 Difficulties.Normal로 설정한다.
    if(UIPopupList.current.value == "Normal")
    Difficulty = Difficulties.Normal;

    // 그렇지 않으면 Hard로 설정한다.
    else Difficulty = Difficulties.Hard;
}
```

코드 블록의 특정 부분을 강조할 경우, 그 부분을 굵은 글꼴로 표기한다.

```
// 슬라이더가 필요하다.
UISlider slider;

void Awake ()
{

  // 슬라이더를 찾는다.
    slider = GetComponent<UISlider>();

  // 슬라이더 값으로 마지막에 저장된 값을 사용한다.
    slider.value = NGUITools.soundVolume;
}
```

화면에서 보는 단어, 예를 들어, 메뉴나 대화 상자에 나타나는 단어는 고딕체로 표기한다. "이제 Create Your UI 버튼을 누르면 된다."

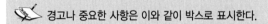
경고나 중요한 사항은 이와 같이 박스로 표시한다.

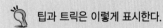
팁과 트릭은 이렇게 표시한다.

독자 의견

독자의 의견은 언제나 환영이다. 이 책에 대해 어떤 생각을 갖고 있는지, 어떤 부분이 좋았고 어떤 부분이 마음에 들지 않았는지 알려주기 바란다. 더 좋은 책을 만들기 위해 독자의 의견은 가장 중요하다.

책에 대한 일반적인 의견을 보내려면 메일 제목에 책 제목을 쓰고 feedback@packtpub.com으로 메일을 보내면 된다.

전문 지식을 바탕으로 책을 써보고 싶거나 집필에 도움을 주고 싶다면 www.packtpub.com/authors에서 저자 가이드를 읽어보기 바란다.

고객 지원

팩트 출판사의 책을 구매한 독자에게, 책의 활용을 위한 몇 가지 팁을 제공하고자 한다.

이 책에 사용된 예제 코드 내려받기

http://www.PacktPub.com에 등록된 계정으로 책을 구매했다면 책에 사용된 모든 예제 코드를 내려받을 수 있다. 한국어판의 소스 코드는 에이콘출판사 웹사이트 http://www.acornpub.co.kr/book/ngui-for-unity에서 내려받을 수 있다.

오탈자

내용을 정확하게 전달하기 위해 최선을 다하지만, 실수가 있을 수 있다. 책에서 텍스트나 코드상의 문제를 발견해서 알려준다면 매우 감사할 것이다. 독자의 참여를 통해 다른 독자에게 도움을 주고, 다음 버전에서 더 완성도 있는 책을 만들 수 있다.

오탈자를 발견하면 http://www.packtpub.com/support에서 errata submission form에 오탈자를 신고해주기 바란다. 내용이 확인되면 웹사이트에 그 내용이 올라가거나, 해당 책의 정오표 섹션에 그 내용이 추가될 것이다. http://www.packtpub.com/support에서 해당 책 제목을 선택하면 지금까지의 정오표를 확인할 수 있다. 한국어판은 에이콘출판사 웹사이트 http://www.acornpub.co.kr/book/ngui-for-unity에서 찾아볼 수 있다.

저작권 침해

인터넷을 통한 저작권 침해 행위는 모든 매체가 골머리를 앓고 있는 심각한 문제다. 팩트 출판사 또한 저작권과 라이센스 문제를 매우 심각하게 생각한다. 인터넷에서 어떤 형태로든 팩트 책의 불법 복제물을 발견한다면, 적절한 조치를 취할 수 있게 주소나 사이트명을 즉시 알려주길 부탁 드린다.

의심되는 불법 복제물의 링크를 copyright@packtpub.com으로 보내주기 바란다.

더 좋은 책을 만들기 위한 팩트 출판사와 저자들의 노력을 배려해주셔서 감사한다.

질문

이 책에 대한 질문이 있다면 question@packtpub.com을 통해 문의하기 바란다. 최선을 다해 질문에 답할 것이다. 한국어판에 대한 질문은 이 책의 옮긴이나 에이콘출판사 편집팀 editor@acornpub.co.kr에게 해주기 바란다.

1
NGUI

1장에서는 NGUI를 불러와서 본격적으로 UI를 제작하기 전에 전반적인 작업의 흐름을 설명한다. 그 다음 UI의 구조와 주요 파라미터, 그리고 작동 방식을 살펴본다.[1]

NGUI란?

NGUI Next-Gen User Interface는 유니티 엔진의 미들웨어다. 쉽고 강력하며 유니티 기본 GUI 시스템에 비해 성능이 뛰어나다는 것이 큰 장점이다. C#으로 작성됐기 때문에 이해하기 쉽고, 필요하다면 일부를 수정하거나 원하는 기능을 추가하기도 용이하다.

NGUI 표준 라이선스 Standard License의 가격은 95달러다. 여기에는 유용한 예

---

1 원서는 NGUI 3.0.2를 기준으로 작성됐다. 그러나 번역하는 현 시점에는 3.0.9 f7이 최신 버전으로 제공되고 있다. 중간에 여러 차례 업데이트되었고, 특히 3.0.7에서 큰 변화가 있었다. 따라서 원서의 내용은 최대한 살리면서 최신 버전 사용자가 보기에도 문제가 없도록 일부 내용을 수정했다. - 옮긴이

제 파일들이 포함돼 있다. 수월한 학습과 개발을 위해 표준 라이선스를 추천한다. 무료 평가판도 있지만 기능에 제약이 있고 이전 버전인 관계로 그다지 추천하지 않는다.

NGUI 전문 라이선스_{Professional License}의 가격은 200달러다. NGUI의 깃 리포지토리_{GIT repository} 접근 권한이 주어지기 때문에 베타 버전과 최신 버전을 좀 더 빨리 접할 수 있다.

2,000달러인 NGUI 사이트 라이선스_{Site License}를 이용하면 개발팀 내에서 카피 수의 제한 없이 사용할 수 있다.

이제 NGUI 미들웨어의 주요 기능과 작동 방식을 살펴보자.

유니티 GUI와 NGUI

유니티 GUI에서 모든 UI는 코드를 통해 만든다. 레이블_{label}, 텍스처, 기타 UI 요소를 화면에 그리기 위해서는 반드시 코드를 거쳐야 한다. UI 관련 코드는 매 프레임 호출되는 OnGUI()라는 특별한 함수 내부에 들어간다. 그러나 NGUI가 있다면 이 같은 과정을 거칠 필요가 없다. UI 요소도 그냥 게임오브젝트_{GameObject}일 뿐이다.

NGUI에서는 레이블, 스프라이트_{sprite}, 입력 필드_{input field} 등의 UI 요소를 위젯_{widget}이라고 부른다. 이 위젯을 만들고, 조작 핸들이나 인스펙터_{Inspector}에서의 입력을 통해 위젯을 이동하고, 회전하고, 크기를 바꾼다. 또한 복사하기, 붙여넣기, 프리팹_{Prefab} 만들기 같은 기타 유니티 작업의 편리한 기능을 그대로 사용할 수 있다.

사용자가 지정한 특정 카메라가 위젯을 화면에 담고, 그 모습을 특정 레이어_{layer} 위에 그린다. 대부분의 파라미터_{parameter}는 인스펙터를 통해 접근할 수 있으며, 게임을 실행하지 않고도 게임 뷰_{Game Window}를 통해 언제든 UI 모습을 확인할 수 있다.

아틀라스

스프라이트와 폰트는 아틀라스atlas라고 불리는 별도의 큰 텍스처에 묶인다. 몇 번의 클릭만으로 손쉽게 아틀라스를 생성하고, 편집할 수 있다. 당장 UI를 제작할 애셋asset이 없어도 걱정할 필요는 없다. NGUI가 몇몇 아틀라스를 기본으로 제공하기 때문이다.

아틀라스를 쓰면 서로 다른 텍스처와 폰트를 사용한 복잡한 UI 창도 하나의 재질과 텍스처로 그릴 수 있다. 그 결과 UI 창을 그리기 위해 하나의 드로우 콜draw call만 있으면 된다. 여기에 추가적인 최적화 처리가 더해지며, NGUI를 모바일 플랫폼을 위한 가장 완벽한 도구로 만든다.

이벤트

NGUI는 C#으로 작성된, 매우 편리한 이벤트 프레임워크를 제공한다. NGUI에는 게임오브젝트에 바로 연결해서 사용할 수 있는 다양한 컴포넌트component가 들어있다. 호버hover, 클릭, 입력 등 발생한 이벤트에 따라 각 컴포넌트가 복잡한 일을 알아서 처리한다. 그 결과, 최소한의 설정만으로도 UI 경험을 강화할 수 있다. 최소의 코드로 최대의 효과를 얻는 것이다.

지역화

NGUI는 자체 지역화localization 시스템을 제공한다. 버튼 하나로 손쉽게 UI상의 언어를 바꿀 수 있다. 모든 문자열string 데이터는 언어별 txt 파일에 저장된다.

셰이더

멋진 결과를 만들 수 있는 라이팅, 노말 매핑Normal Mapping, 굴절Refraction 셰이더shader를 지원한다. NGUI에서는 UI상의 특정 영역을 보여주거나 감추는 클리핑clipping 기능을 셰이더가 제어한다.

NGUI 불러오기

애셋 스토어Asset Store에서 NGUI를 구매하거나 무료 평가판을 찾은 후, 패키지를 내려받는다.

1. 새로운 유니티 프로젝트를 생성한다.
2. 상단 메뉴에서 Window ▶ Asset Store를 선택한다. 내려받은 애셋들의 라이브러리가 있는 곳으로 간다. 애셋 스토어 창 상단에서, 집 모양 버튼과 쇼핑 카트 모양 버튼 가운데 있는 버튼을 누른다.
3. NGUI: Next-Gen UI 옆에 있는 Download 버튼을 누른다.
4. 내려받기가 끝나면 Download 버튼이 Import 버튼으로 바뀐다.
5. Import 버튼을 누르고 팝업창이 뜨기를 기다린다.
6. 모든 체크 박스가 선택된 기본 상태에서 Import 버튼을 누른다.
7. 상단 메뉴에 다음과 같이 NGUI 메뉴가 등록된다. 메뉴가 없으면 다른 버튼을 눌러 상단 메뉴를 갱신한다.

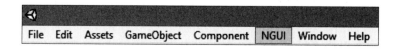

프로젝트에 성공적으로 NGUI를 불러왔다. 이제 첫 2D UI를 만든다.

UI 생성

NGUI로 UI를 만드는 첫 단계는 2D UI를 생성하는 것이다. 상단 메뉴에서 NGUI ▶ Create ▶ 2D UI를 선택해서 UI를 생성한다. 본격적으로 시작하기에 앞서 현재 씬을 Menu.unity란 이름으로 저장한다.

UI 레이어 지정

UI에 사용하는 레이어는 별도로 만들어 관리할 것을 권장한다. UI에 사용할 레이어를 만들고 그 레이어를 UI에서 선택한다.

1. 인스펙터 우측 상단의 Layer 버튼을 눌러서 드롭다운 메뉴를 연다.
2. Add Layer를 선택한다.
3. 인스펙터의 Tags & Layers에서 GUI2D라는 이름의 레이어를 만든다.
4. UI Root 하위에 있는 Camera 게임오브젝트를 선택한다.
5. Camera 컴포넌트의 Culling Mask에서 GUI2D를 선택한다.
6. UI Root의 UIRoot 컴포넌트에서 Scaling Style을 Fixed Size로, Manual Height를 1080으로 설정한다.

이것으로 UI의 기본 골격이 되는 첫 번째 2D UI를 완성했다.

UI 기본 구조와 주요 컴포넌트

2D UI는 두 개의 새로운 게임오브젝트를 씬에 만든다. 두 게임오브젝트에는 NGUI의 핵심적인 기능을 담당하는 두 개의 컴포넌트가 연결돼 있다.

- UIRoot

- UICamera

각각의 세부적인 내용을 살펴본다. 이와 함께 이 책에서 자주 사용하게 될 두 개의 컴포넌트, UIAnchor와 UIPanel에 대해 상세하게 살펴본다.

UIRoot

UIRoot 컴포넌트는 위젯을 작업하기에 적합한 크기로 줄여주는 역할을 한다. 또한 Scaling Style을 담당하는 부분이기도 한다. Scaling Style은 텍스처의 픽셀 상의 본래 크기를 유지하거나(pixel perfect), 아니면 파라미터에 지정한 값에 따라서 화면에서 비율을 유지하는 방식 중 하나를 결정한다.

계층Hierarchy 뷰에서 UI Root 게임오브젝트를 선택한다. 여기에는 UIRoot.cs 스크립트가 연결돼 있다. 이 스크립트는 다음 그림에서 보이는 것처럼, 유니티의 유닛unit 체계 대신에 픽셀 단위로 위젯의 좌표를 설정할 수 있도록 UI Root 게임오브젝트의 크기를 조절한다.

파라미터

UIRoot에는 네 개의 파라미터가 있다.

- Scaling Style: 사용할 수 있는 Scaling Style은 다음과 같다.
  - PixelPerfect: 화면 해상도에 관계 없이 UI가 픽셀 단위에서 언제나 같은 크기를 유지한다. 따라서 이 모드를 사용하면 300×200 창은 320×240 해상도에서는 화면에서 매우 크게 보이고, 1920×1080

해상도에서는 아주 작게 보인다.

- ○ FixedSize: UI가 화면에서 언제나 같은 비율로 보일 수 있도록 화면 높이에 따라 크기를 조정한다. 따라서 UI의 본래 픽셀 단위 크기는 유지되지 않고, 화면 크기에 따라 조정된 비율로 그려진다.
- ○ FixedSizeOnMobiles: 모바일 플랫폼에서는 FixedSize 방식을 사용 하고, 기타 플랫폼에서는 PixelPerfect 방식을 사용한다.

- Manual Height: FixedSize 방식에서 기준이 되는 화면 높이를 지정한다. 화면 크기가 이 값과 달라지면, UI의 비율(너비와 높이의 비율)을 유지하기 위해서 자동으로 크기를 조정한다.

- Minimum Height: PixelPerfect 방식에서 화면의 최소 높이 값을 지정한다. 화면 높이가 이 값보다 작아지면, UI 크기를 조정한다. FixedSize 방식 에서 화면 높이가 Manual Height보다 작아졌을 때 UI 크기가 작아지는 것과 같다.

- Maximum Height: PixelPerfect 방식에서 화면의 최대 높이 값을 지정한다. 화면 높이가 이 값보다 커지면 UI 크기를 조정한다. FixedSize 방식에서 화면 높이가 Manual Height보다 커졌을 때 UI 크기가 커지는 것과 같다.

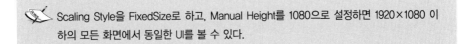
Scaling Style을 FixedSize로 하고, Manual Height를 1080으로 설정하면 1920×1080 이하의 모든 화면에서 동일한 UI를 볼 수 있다.

UI가 동일하게 보인다 해서 모든 문제가 해결된 것은 아니다. UI 크기 조정이 화면 높이에 따라 이뤄지기 때문에 화면 비율aspect ratio은 여전히 문제로 남는다. 4:3과 16:9 화면 모두를 지원할 계획이라면 UI가 지나치게 커서는 곤란하다. 가급적 정사각형에 가까운 형태를 유지하는 것이 좋다. 그렇지 않을 경우 화면 해상도에 따라 UI가 잘려나가는 경우가 발생한다.

16:9 해상도를 고려한 UI를 만든다면, 처음부터 16:9 화면 비율을 확실히 지

정한다. 현재 작업 중인 프로젝트가 16:9 화면 비율만 지원하게 설정한다.

1. 상단 메뉴에서 Edit ▸ Project Settings ▸ Player를 선택한다.

2. 인스펙터에서 Resolution and Presentation 탭을 연다.

3. Supported Aspect Ratios 탭을 연다.

4. 16:9 체크박스만 선택하고, 나머지는 해제한다.

UI Root에 있는 파라미터를 모두 설명했다. 이제 Camera를 살펴볼 차례다.

UICamera

계층 뷰에서 Camera 게임오브젝트를 선택한다. UICamera.cs 스크립트가 연결돼 있다. UI와 상호작용하는 카메라에는 이 스크립트가 반드시 붙어있어야 한다.

버튼에 붙어있는 충돌체collider처럼, 각 UI 요소에서 발생하는 이벤트와 관련된 메시지를 보내는 것이 이 스크립트의 주된 기능이다. 자주 사용하는 이벤트에는 OnClick()이나 OnHover() 등이 있다.

두 개 이상의 카메라를 사용할 수도 있다. 예를 들어, 게임 속 2D UI를 그리기 위해 오소그래픽orthographic 카메라를 사용하면서, 3D로 만든 메뉴를 위해 별도의 퍼스펙티브perspective 카메라를 사용할 수 있다.

이 책에서는 하나의 카메라만 사용한다.

파라미터

UICamera.cs에는 아주 많은 파라미터가 있다.

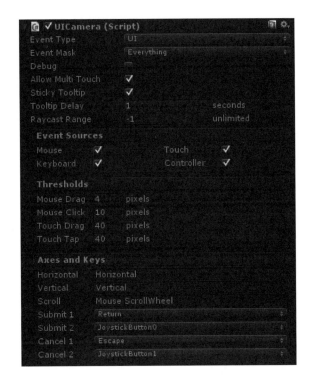

각 파라미터의 내용은 다음과 같다.

- Event Type: 카메라가 처리할 이벤트 유형을 결정한다.
  - World: 3D 월드 상의 게임오브젝트와 상호작용할 경우 사용한다.
  - UI: 2D UI와 상호작용할 경우 사용한다.
- Event Mask: 이벤트를 받아들일 레이어를 지정한다.
  - 이 책에서는 GUI2D 레이어에 UI를 만들고 있다. 따라서 GUI2D를 선택한다.
- Debug: 디버그 모드의 사용 여부를 결정한다. UI가 의도하지 않은 방식으로 작동할 때, 유용하게 활용할 수 있다.

○ 사용할 경우: Debug를 활성화하면, 현재 마우스가 가리키고hover 있는 게임오브젝트 이름을 화면 좌측 상단에 출력한다.

● Allow Multi Touch: 멀티 터치 입력의 허용 여부를 결정한다. 모바일 플랫폼에서 두 손가락으로 화면을 줌하거나pinch-to-zoom, 기타 제스처를 사용하려면 이 옵션이 필수적이다.

● Sticky Tooltip: 스티키 툴팁sticky tooltip 사용 여부를 결정한다.
○ 사용할 경우: 마우스가 위젯 밖으로 이동할 때 툴팁이 사라진다.
○ 사용하지 않을 경우: 마우스가 이동하면 바로 툴팁이 사라진다.

● Tooltip Delay: 툴팁이 표시되기 전에 마우스가 멈춰 있어야 하는 시간을 설정한다.

● Raycast Range: 레이캐스트raycast는 특정 지점에서 특정 방향으로 쏘는, 보이지 않는 가상의 선이다. 중간에 다른 오브젝트와 만날 경우 진행을 멈춘다. 충돌체를 감지한 카메라는 이벤트를 처리하기 위해 마우스나 터치 입력이 발생하는 지점에서부터 정면을 향해 가상선을 그린다. 이 때 가상선의 진행 범위를 제한하면 상호작용이 발생하는 영역을 한정할 수 있다. 기본값인 -1을 사용하면 카메라가 볼 수 있는 영역까지 가상선의 범위가 미친다.

● Event Sources: 이 불리언Boolean 타입의 파라미터는 카메라가 어떤 유형의 이벤트를 처리할지 지정한다.
○ Mouse: 마우스 이동, 좌, 우, 중간 버튼의 클릭, 스크롤 휠 입력을 사용할 때 선택한다.
○ Touch: 터치 입력이 가능한 장비를 사용할 때 선택한다.
○ Keyboard: 키보드 입력을 사용할 때 선택한다. OnKey() 이벤트를 사용한다.
○ Controller: 조이스틱 기반의 입력 장치를 사용할 때 선택한다. OnKey() 이벤트를 사용한다.

- Thresholds: 특정 이벤트가 발생하기 위한 최소값을 지정한다. 게임이나 앱의 특성에 따라서 적절한 값이 다를 수 있다.
    - Mouse Drag: 마우스 버튼을 누른 다음(OnPress() 이벤트가 발생한다), 픽셀 단위로 얼마 이상 마우스가 이동했을 때 드래그로 간주하고, 그에 따라 드래그되는 오브젝트에서 OnDrag() 이벤트가 발생할지 결정한다.
    - Mouse Click: 마우스 버튼을 누른 다음(OnPress() 이벤트가 발생한다), 픽셀 단위로 얼마 이상 마우스가 이동한 상태에서 버튼을 놓았을 때 입력을 무효화(OnClick()이벤트가 발생하지 않는다)할지 결정한다.
    - Touch Drag: 터치 입력 기반 장비에서 마우스 드래그와 동일한 내용을 처리한다.
    - Touch Tap: 터치 입력 기반 장비에서 마우스 클릭과 동일한 내용을 처리한다.
- Axes and Keys: 유니티의 입력축axis과 키보드를 NGUI 입력 체계로 매핑한다.
    - Horizontal: 수평 상의 이동에 사용되는 입력축(좌, 우 방향키의 이벤트)
    - Vertical: 수직 상의 이동에 사용되는 입력축(상, 하 방향키의 이벤트)
    - Scroll: 마우스 스크롤 휠에 사용되는 입력축
    - Submit 1: 확인에 사용하는 주된 키코드keycode
    - Submit 2: 확인에 사용하는 보조 키코드
    - Cancel 1: 취소에 사용하는 주된 키코드
    - Cancel 2: 취소에 사용하는 보조 키코드

 Edit ▶ Project Settings ▶ Input에서 언제든지 유니티의 입력 관련 설정을 바꿀 수 있다.

UICamera 컴포넌트의 주요 파라미터를 확인했다.

UIAnchor

UIAnchor는 카메라 뷰 상에서 게임오브젝트를 일정한 지점에 고정시키기 위해 사용한다. 예를 들어 UIAnchor를 이용하면 게임오브젝트를 화면의 경계나 구석, 아니면 다른 위젯에 고정시킬 수 있다.[2]

1. UI Root 게임오브젝트를 선택한 상태에서 Alt + Shift + N을 눌러 새로운 게임오브젝트를 자식으로 생성한다.[3]
2. 새로운 게임오브젝트의 이름을 Anchor로 바꾼다.
3. Anchor 게임오브젝트가 선택된 상태에서 Component ▶ NGUI ▶ UI ▶ Anchor로 가서 UIAnchor 컴포넌트를 추가한다.

계층 뷰에서 Anchor 게임오브젝트를 선택한다. 인스펙터에서 추가된 UIAnchor 컴포넌트를 확인할 수 있다.

파라미터

UIAnchor에는 일곱 개의 파라미터가 있다.

---

2 최근 버전에서는 UIAnchor의 기능이 패널과 위젯의 상위 클래스인 UIRect 클래스로 들어왔다. 부록에서 그 내용을 자세히 다룬다. – 옮긴이

3 게임오브젝트가 선택된 상태에서 Alt+Shift+N으로 게임오브젝트를 생성하면, 선택된 게임오브젝트의 자식이 생성된다. 자식 게임오브젝트는 트랜스폼이 초기화돼 있고, 레이어도 부모 레이어를 상속받는다. 만약 여기서 Alt+Shift+N이 아닌 다른 방식으로 게임오브젝트를 생성했다면, 부모 중심의 상대 좌표에서 Transform의 초기화와 레이어 지정을 반드시 해줘야 한다. – 옮긴이

각 파라미터의 내용은 다음과 같다.

- Ui Camera: Anchor가 배치되는 경계를 결정할 때 기준이 되는 카메라다. UI에 사용한 카메라가 기본으로 설정돼 있다.

- Container: 이 파라미터에 다른 게임오브젝트를 드래그해서 연결하면, 이 게임오브젝트가 카메라 대신에 Anchor의 기준이 된다. 카메라가 아닌 다른 게임오브젝트를 기준으로 패널이나 위젯을 고정시킬 경우, 유용하게 사용할 수 있다.

- Side: 게임오브젝트를 카메라의 뷰 또는 컨테이너의 중앙에 배치할 것인가? 아니면 좌측 중앙이나 우측 하단에 배치할 것인가? 고정시킬 지점을 바로 여기서 결정한다.

- Run Only Once: 화면 해상도가 바뀌지 않거나, 게임이 시작된 직후 Anchor를 비활성화하고 싶다면 이 옵션을 체크한다. 그렇게 하면 Anchor가 처음 한 번만 실행되고, 다음부터는 갱신되지 않는다.

- Relative Offset: -1과 1 사이의 값을 가진 Vector2 타입을 이용해서 Anchor 위치에 상대 좌표 값을 추가한다. X에 0.12, Y에 0.32를 설정했다면, 수평 상으로 화면의 12%, 수직 상으로 32%만큼 위치를 이동한다. 화면 크기에 대한 상대적인 값을 더했기 때문에 다른 해상도에서도 UI가 같은 모습을 유지한다.

- Pixel Offset: Relative Offset과 같은 역할을 한다. 단, 상대값이 아닌 절대값을 더한다. 픽셀 단위로 위치를 이동하기 때문에 해상도에 따라 다른 모습이 나타난다. 해상도가 변해도 픽셀 단위의 이동 값은 동일하기 때문이다.

UIAnchor에 있는 모든 파라미터를 설명했다. 계층 뷰에서 설명을 위해 만들었던 Anchor 게임오브젝트를 찾아서 삭제한다. 이제 마지막으로 UIPanel이 남았다. UIPanel은 무엇일까? 이제 UIPanel을 살펴보기로 한다. 그러면 첫 위젯을 만들기 위한 모든 준비가 끝난다.

UIPanel

Panel의 목적은 위젯을 모아서 관리하고, 하나의 드로우콜로 렌더링하는 것이다. 여러 개의 Panel을 사용해서 UI를 꾸밀 수 있다. 그러나 새로운 패널이 추가되면 드로우콜도 증가한다.

1. UI Root 게임오브젝트를 선택한 상태에서 NGUI > Create > Panel을 누른다.
2. Panel이라는 게임오브젝트가 UI Root의 자식으로 생성된다.

계층 뷰에서 Panel 게임오브젝트를 선택한다. 인스펙터에서 추가된 UIAnchor 컴포넌트를 확인할 수 있다.

파라미터

UIPanel.cs에는 다음과 같은 파라미터가 있다.

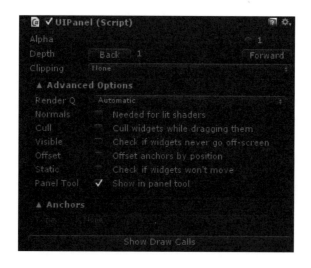

- Alpha: 패널 전체의 투명도를 설정할 수 있다. 자식으로 하위에 있는 모든 위젯이 이 값에 영향을 받는다. 단, 하위에 있는 패널은 영향을 받지 않는다.

- Depth: 어떤 패널이 어떤 패널 앞에 렌더링될지를 결정한다. Depth 값 1을 가진 패널은 0을 가진 패널 앞에 그려진다. Back과 Forward 버튼을 이용하거나, 아니면 필드에 바로 원하는 값을 넣을 수 있다. 음수의 Depth 값도 사용할 수 있다.

- Clipping: 지정된 클리핑 영역 밖으로 벗어난 위젯의 부분을 감춘다. 클리핑을 켜면 Center와 Size로 클리핑을 할 사각형의 영역을 설정한다. 이 사각형을 벗어난 부분은 감춰진다.
  - None: 클리핑하지 않는다. 패널 전체를 그린다.
  - Hard Clip: 클리핑을 한다. 사각형을 벗어난 부분을 깔끔하게 감춘다.
  - Soft Alpha: 클리핑을 한다. Softness 값을 이용해서 사각형을 벗어난 부분이 점진적으로 사라지게 만든다.
  - ConstrainButDontClip: 클리핑을 하지 않는다. 영역만을 지정한다.

- RenderQ: NGUI 패널은 기본적으로 3000부터 렌더큐Render Queue 값을 사용한다.
  - Automatic: Depth 값에 따라서 각 패널의 렌더큐를 자동으로 설정한다. RenderQ 드롭 다운 메뉴에서 바꿀 수 있다.
  - Start At: 자동으로 설정하는 렌더큐의 시작 값을 지정한다.
  - Explicit: 렌더큐 값을 직접 지정한다.

- Normals: UI에 사용하는 메쉬의 노말normal을 계산한다. 셰이더를 사용해서 라이트에 반응하는 경우는 이 옵션을 체크한다.

- Cull: 이 옵션을 통해 패널이 드래그되는 동안 자식 위젯들의 렌더링을 끌 수 있다. 성능 향상에 도움이 된다.

- Static: 패널 하위에 있는 위젯이 움직이지 않을 경우 이 옵션을 사용한다. 이 옵션을 체크하면 NGUI가 위젯의 위치, 회전, 크기의 변화를 확인하지 않는다. 따라서 런타임run-time에서 움직이는 위젯이 더 이상 이동하지 않는다. 성능 향상에 도움이 될 수 있다.

- Panel Tool: 씬에 있는 모든 패널을 확인하고 선택할 수 있는 패널 관리 도구다. 메뉴에서 NGUI ➤ Open ➤ Panel Tool을 선택하면 열 수 있다. 이 옵션을 이용해서 패널이 패널 툴에 표시될지 여부를 결정할 수 있다. 경고 메시지나 탄약 아이템 알림같이 코드를 통해서 동적으로 생성되는 임시 패널의 경우는 이 옵션을 꺼주는 것이 좋다.

UI에서 위젯을 묶어서 관리하는 역할을 담당할 UIPanel의 주요 파라미터를 살펴봤다.

요약

1장에서는 NGUI의 기본적인 작업 흐름을 설명했다. NGUI에서는 게임오브 젝트를 이용하며, 여러 텍스처를 묶은 큰 텍스처인 아틀라스를 사용한다. 또한 이벤트 시스템을 갖고 있으며, 셰이더를 사용할 수 있고, 지역화 시스템도 갖추고 있다.

NGUI를 불러온 다음, UI 마법사를 통해 첫 번째 2D UI를 만들었고, UI에 사용할 GUI2D라는 이름의 레이어를 따로 만들었다.

마지막으로 NGUI에서 핵심적인 역할을 담당하고, 이 책에서 자주 사용할 네 개의 컴포넌트를 분석했다. 파라미터에 대한 검토를 통해 각각의 역할을 정리한다.

- UIRoot는 UI를 전체적으로 묶어주며, pixel perfect 또는 fixed size 모드에 따라 UI 요소의 크기를 조정한다.
- UICamera는 UI를 그리며, 위젯과의 상호작용에서 발생하는 메시지를 처리한다.
- UIAnchor는 UI 요소를 화면의 경계 또는 특정 오브젝트에 고정시키거

나 그것을 기준으로 상대적인 위치에 배치한다.

- UIPanel은 위젯을 묶어주며, 렌더링하는 역할을 한다. 렌더링할 때는 클리핑 기능을 사용할 수 있다.

첫 번째 위젯을 만들 준비를 모두 마쳤다. 이제 2장으로 넘어갈 차례다.

2

NGUI 위젯

2장에서는 처음으로 스프라이트 위젯을 만들고, 그것이 어떻게 작동하는지 설명한다. 그 다음 중요한 위젯을 템플릿을 이용해 생성하고, 주요 파라미터를 살펴본다. 이를 통해 위젯의 제작과 설정 방법을 익힌다.

첫 위젯

처음으로 만들 위젯은 앞으로 제작할 메인 메뉴 창의 배경으로 사용할 스프라이트 위젯이다. 손쉬운 위젯 제작을 위해, NGUI는 몇몇 템플릿을 갖춘 위젯 마법사Widget Wizard를 제공한다.

위젯 마법사

메뉴에서 NGUI ❯ Open ❯ Widget Wizard(Legacy)를 선택해서 위젯 마법사를 연다.

위젯을 만들기 위해서는 아틀라스와 폰트를 설정해야 한다. 1장에서 설명한
것처럼 아틀라스는 UI에 필요한 텍스처들을 모아놓은 큰 텍스처를 말한다.
이 책에서는 NGUI와 함께 제공되는 SciFi 아틀라스를 사용한다.

아틀라스 선택

이 책에서 사용할 텍스처가 들어있는 SciFi 아틀라스를 선택한다.

1. 프로젝트 뷰에서 Assets ❯ NGUI ❯ Examples ❯ Atlases ❯ SciFi 폴더로 간다.

2. SciFi Atlas.prefab을 찾아서 마법사의 Atlas 필드로 드래그한다.

3. SciFi Font – Header.prefab을 찾아서 마법사의 Font 필드에 드래그한다.
   이때 폰트 필드 옆에 폰트의 유형을 결정하는 드롭다운 메뉴가 있다.
   Dynamic으로 설정돼 있으면, 시스템 폰트를 이용한 다이나믹 폰트를
   사용할 수 있다. 여기서는 사전에 비트맵으로 변환된 폰트를 사용하기
   때문에 Bitmap을 선택한 다음 폰트 프리팹을 드래그한다.

아틀라스와 폰트 프리팹을 선택했다. 이제 템플릿을 이용해서 위젯을 만들
수 있다.

위젯 템플릿

위젯 마법사가 제공하는 템플릿을 이용해 위젯을 만든다.

1. Template 옆의 드롭다운 메뉴를 클릭한다.

2. 드롭다운 메뉴에서 Sprite를 선택한다.

3. Sprite 옆의 드롭다운 메뉴를 클릭한다.

4. Select a Sprite 팝업창이 뜨면 Dark라는 이름의 스프라이트를 선택한다.

5. Pivot은 기본값인 Center로 남겨둔다.

6. 계층 뷰에서 Panel이 선택된 상태인지 확인한다.

7. 녹색의 Add To 버튼을 클릭한다.

스프라이트 위젯을 만들었다.

 위젯 마법사에서 만든 위젯은 선택된 게임오브젝트나 패널의 자식이 된다. 이 단계에서 원하지 않은 게임오브젝트를 선택하고 위젯을 만들 수 있다. 이럴 경우, 계층 뷰에서 원하는 게임오브젝트나 패널로 위젯을 드래그해서 바로 잡는다.

위젯 트랜스폼

첫 위젯으로 스프라이트를 만들었다. 계층 뷰에서 스프라이트를 선택한다. 그리고 다음에 소개하는 방법으로 위젯의 Transform을 바꿔본다.

이동

씬 뷰Scene View에서 핸들로 위젯을 움직이거나, 인스펙터의 Transform 컴포넌트에서 직접 X, Y, Z 위치 값을 입력할 수 있다.[1] 다음 그림은 씬 뷰에서 스프라이트 위젯의 모습이다.

위치 값 Z는 항상 0을 유지한다. 만약 위젯을 다른 위젯의 앞이나 뒤에 배치하려면 인스펙터에 있는 Back과 Forward를 이용해서 Depth 값을 바꾼다.

회전

씬 뷰에서 위젯 외곽에 있는 파란색 점 근처로 마우스를 가져간다. 커서 옆에 작은 회전 아이콘이 생긴다. 이때 왼쪽 마우스 버튼을 누른 채로 마우스를 움직이면 위젯이 회전한다.

기본적으로 회전은 15도 간격으로 스냅snap이 적용된다. 좀 더 정교하게 회전하려면 Ctrl 키를 누른 상태에서 위젯을 회전한다. 그러면 1도 단위의 스냅이 적용된다.

---

1 유니티의 핸들을 이용하는 것보다 씬 뷰에서 위젯 내부의 아무 곳이나 클릭하고 드래그하는 방법이 편리하다. - 옮긴이

크기

인스펙터를 보면 Transform의 크기 값 부분이 회색으로 비활성화된 상태다. UISprite 컴포넌트에 있는 Dimensions 파라미터를 사용해야 하기 때문이다.

씬 뷰에서 위젯에 있는 파란 점으로 마우스를 가져가면, 커서 옆에 크기 변환 아이콘이 생긴다. 이때 왼쪽 마우스 버튼을 누른 채로 드래그하면 위젯의 크기를 바꿀 수 있다.

 파란 점으로 크기를 바꾸면 위젯의 중심점이 변한다. 양쪽으로 동일하게 위젯의 크기를 늘려서 중심을 유지하는 방법이 있다. 인스펙터의 UISprite 컴포넌트의 Dimensions 파라미터로 간다. X 또는 Y 필드 앞의 빈 공간에 마우스를 위치시키면 커서 옆에 좌우를 바라보는 화살표 모양의 아이콘이 생긴다. 이때 마우스를 클릭해서 좌우로 드래그하면 양쪽으로 동일하게 크기를 조절할 수 있다.

UI 텍스처가 픽셀 상의 본래 크기를 유지하기 위해서는 유니티 씬 뷰에서 핸들로 크기를 조절하는 것은 피한다. 크기와 관련된 모든 조작은 Dimensions에서 처리한다. 그럼 위젯에는 어떤 공통 파라미터가 있는지 살펴본다.

위젯 공통 파라미터

계층 뷰에서 앞서 생성한 Sprite 게임오브젝트를 선택한다. 인스펙터에서 다음과 같은 파라미터를 볼 수 있다.

- Color: 알파 값이 포함된 위젯의 색상을 지정한다.

- Pivot: 위젯의 피봇pivot을 위치시킬 변 또는 구석을 설정할 때 사용한다.

- Depth: 위젯을 다른 위젯 앞 또는 뒤에 그리기 위해 순서를 정할 때 사용한다.

- Dimensions: 핸들을 이용한 크기 조작 대신, 직접 수치 입력을 통해 픽셀 단위로 크기를 설정한다.

- Snap: Dimensions 옆에 있는 Snap 버튼을 누르면 위젯을 스프라이트 원래 크기로 되돌리는 Make Pixel-Perfect를 실행한다.

위젯의 공통 파라미터를 살펴봤다. 이제 직접 Dimensions 값을 설정해 본다. 계층 뷰에서 Sprite를 선택하고 1300, 850을 입력한다.

스프라이트가 아주 거대하고 흉한 모습으로 변했다. 15×15 크기의 텍스처를 1300×850으로 늘렸기 때문이다. 스프라이트 위젯에 대해서 좀 더 구체적으로 알아보면 이 문제에 대한 해결법을 찾을 수 있다.

스프라이트

스프라이트 위젯을 만들었고, 이동, 회전, 크기를 바꾸는 방법을 살펴봤다. 그리고 마지막에는 원래 크기에 비해서 아주 큰 크기로 스프라이트를 늘렸다. 그런데 이 15×15 스프라이트는 특별한 기능을 감추고 있다.

Sprite 게임오브젝트를 선택하면 인스펙터 하단의 Preview 창에서 텍스처와 함께 그 위에 그려진 네 개의 점선을 볼 수 있다. 이 점선은 이 스프라이트가 슬라이스 스프라이트Sliced Sprite임을 의미한다.

Sprite Size: 15x15

슬라이스 스프라이트

슬라이스 스프라이트는 텍스처를 격자 무늬로 9등분해서 외곽의 형태를 유지하면 크기를 자유롭게 조절할 수 있게 해준다. 크기를 조절해도 본래의 깨끗한 모습을 그대로 유지한다.

앞서 만든 스프라이트를 슬라이스 스프라이트로 사용하려면 UISprite 컴포넌트에 그 사실을 알려야 한다.

1. Sprite 게임오브젝트를 선택한다.
2. 인스펙터의 UISprite 컴포넌트에서 Sprite Type 드롭다운 메뉴로 간다.
3. Sliced를 선택한다.

스프라이트가 깨끗한 모습으로 변했다. 더 이상 크기가 커지면서 텍스처가 늘어난 모습을 볼 수 없다.

슬라이스 스프라이트에 Fill Center라는 옵션이 있다. 이 옵션을 해제하면 중앙 부분을 투명 처리한 상태로 스프라이트의 외곽만을 볼 수 있다.

슬라이스 스프라이트는 다양한 크기의 창이나 박스를 처리할 때 최적의 선택이다. 그러나 텍스처를 그대로 보여주는 일반 스프라이트가 필요할 때도 있다. 이때는 Sprite Type에서 Simple을 선택한다.

타일 스프라이트

타일 스프라이트Tiled Sprite는 반복되는 패턴을 만들기 위한 스프라이트다. 하나의 텍스처를 타일링해서 넓은 영역을 처리할 때 사용한다. 직접 하나를 만들어 보자.

1. 계층 뷰에서 Sprite를 선택하고, 이름을 Window로 바꾼다.
2. Window 게임오브젝트를 선택하고 다음 단계를 거친다.
   1. Transform에서 위치가 0, 0, 0 이고, 크기가 1, 1, 1 인지 확인한다.
   2. Depth가 0인지 확인한다.
   3. Color에 R = 115, G = 240, B = 255, A = 255인 색상을 지정한다.

창을 만들었다. 이제 타일링되는 배경 이미지를 만들어서 창을 꾸민다.

1. Window 게임오브젝트를 선택하고, Ctrl+D를 눌러서 복사한다.
2. 복사한 게임오브젝트의 이름을 Background로 바꾼다.
3. Background 게임오브젝트를 선택하고 다음 과정을 거친다.
   1. UISprite 컴포넌트의 Depth 값을 1로 바꾼다.
   2. Sprite Type 드롭다운 메뉴로 간다.
   3. Tiled를 선택한다. 그러나 현재 선택된 스프라이트는 타일 스프라이트에 적합하지 않다.
   4. UISprite 컴포넌트에 있는 Sprite 버튼을 클릭한다.

5. Select a Sprite 팝업창이 뜨면 타일 스프라이트에 적합하게 만들어진 Honeycomb을 선택한다.

6. Color에 R = 115, G = 240, B = 255, A = 255인 색상을 지정한다.

4. 메뉴에서 Component ❯ NGUI ❯ UI ❯ Stretch를 선택해서 UIStretch 컴포넌트를 추가한다.

1. Window 게임오브젝트를 Container 필드로 드래그한다.

2. Style 파라미터는 Both로 설정한다.

5. Component ❯ NGUI ❯ UI ❯ Anchor를 선택해서 UIAnchor 컴포넌트를 추가한다. UIAnchor 컴포넌트의 Container 필드로 Window 게임오브젝트를 드래그한다.

멋진 UI가 만들어지고 있다. 타일 스프라이트가 창의 배경으로 적용된 모습니다.

UIStretch 컴포넌트는 타일 스프라이트의 크기를 매번 손으로 설정하는 과정을 피하기 위해 사용했다. 이제 Window의 Dimensions 값을 바꾸면 Background의 Dimensions도 자동으로 따라서 변한다.[2]

---

2 최근 버전에서는 UIStretch의 기능이 패널과 위젯의 상위 클래스인 UIRect 클래스로 들어왔다. 부록에서 그 내용을 자세히 다룬다. – 옮긴이

한편 UIAnchor 컴포넌트는 Background가 Window를 따라서 움직이게 만드는 역할은 한다.

필 스프라이트

필 스프라이트Filled Sprite는 HP 게이지나 진행 바를 만들 때 유용한 스프라이트다. 스프라이트를 선택하고, 0과 1 사이에서 Fill Amount 파라미터 값을 바꾼다. 그러면 그 값에 따라서 스프라이트의 일부분이 감춰진다. 스프라이트의 일부분이 감춰진 진행 바의 모습이다.

이 효과를 직접 만들어 본다.

1. Background 게임오브젝트를 선택하고, Sprite Type을 Filled로 바꾼다.
2. Fill Dir은 Horizontal로 설정한다.

직접 Fill Amount 슬라이더를 움직이면서 게임 뷰에서 변하는 모습을 확인한다. 필 스프라이트에 대해 어느 정도 이해할 수 있을 것이다. Sprite Type을 다시 Tiled로 되돌린다.

스프라이트 위젯과 주요 파라미터를 설명했다. 이제 UI에 텍스트를 추가하는 방법을 배워본다.

레이블

레이블label은 다음 그림처럼 특정 폰트를 사용해서 화면에 텍스트를 그릴 때 사용한다.

다음 단계를 따라서 레이블 위젯을 만든다.

1. Panel 게임오브젝트를 선택한다.

2. 메뉴에서 NGUI ▶ Open ▶ Widget Wizard를 선택한다.

3. Template에서 Label을 선택한다.

4. Font는 이미 앞에서 설정했다. 이 폰트를 그대로 사용한다.

5. Add To 버튼을 클릭한다.

패널Panel 하위에 레이블Label이 추가됐고, 화면 정중앙에 배치된 레이블을 볼 수 있다.

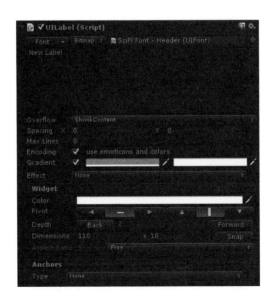

파라미터

Label 게임오브젝트를 선택하고, 인스펙터에서 UILabel의 파라미터를 살펴본다.

- Text: 화면에 표시할 텍스트를 입력한다.
- Overflow: 표시할 텍스트가 레이블의 Dimensions보다 클 경우, 레이블 위젯에는 네 가지 처리 방식이 있다.
    - Shrink Content: Dimensions 영역에 맞도록 텍스트 크기를 줄인다.
    - Clamp Content: 지정된 영역 밖으로 벗어난 텍스트를 보이지 않게 한다.
    - Resize Freely: 모든 텍스트를 보여 줄 수 있도록 영역의 Dimensions 를 바꾼다.
    - Resize Height: 폭을 고정한 상태로 높이만 바꾼다. 문서 편집의 단 column을 생각하면 된다.
- Spacing: 화면에서 텍스트의 자간과 행간을 조정한다.
- Max Lines: 레이블에서 사용할 최대 행의 개수를 지정한다. 0으로 두면 제한 없이 행을 사용한다.
- Encoding: [RRGGBB] 같은 컬러 태그를 이용해서 텍스트의 색상을 바꾸려면 이 옵션을 체크한다.
- Gradient: 글자 내에서 상하 간 색상의 점진적 변화가 필요할 때 사용한다
- Effect: 레이블에 그림자나 아웃라인 같은 효과를 추가한다. Effect Color 와 Distance를 조정할 수 있다.

타이틀 바

앞에서 만든 창에 타이틀을 추가한다.

타이틀 바를 만드는 순서는 다음과 같다.

1. Alt+Shift+N을 눌러서 새로운 게임오브젝트를 Panel의 자식으로 생성한다.

2. 게임오브젝트의 이름을 Title로 바꾼다. 이 게임오브젝트는 타이틀 바를 담는 컨테이너 역할을 한다.

3. Label 게임오브젝트를 Title 게임오브젝트로 드래그한다.

4. Title 게임오브젝트를 선택한다.

5. 메뉴의 NGUI ▶ Open ▶ Widget Wizard로 가서 위젯 마법사를 연다.

6. Highlight 스프라이트를 이용해서 새로운 스프라이트를 만든다.

    1. 새로운 스프라이트의 이름을 Background로 바꾼다.

    2. Sprite Type을 Sliced로 설정한다.

    3. Pivot를 중앙 상단으로 바꾼다.

    4. Transform에서 위치 값을 0, 0, 0으로 초기화한다.[3]

    5. Color에는 R = 95, G = 255, B = 150, A = 200을 지정한다.

    6. Depth 값에는 2를 사용한다.

7. Title 하위에 있는 Background 게임오브젝트에 UIStretch 컴포넌트를 추가한다. Background를 선택한 상태에서 Component NGUI ▶ UI ▶ Stretch를 선택한다.

    1. Window 게임오브젝트를 UIStretch 컴포넌트의 Container 필드로 드래그한다.

---

3 NGUI를 설치하면 Transform의 위치, 회전, 크기 각각의 앞에 P, R, S 버튼이 생긴다. 이 버튼을 클릭하면 원하는 항목만 선별적으로 초기화할 수 있다. – 옮긴이

2. Style은 Horizontal로 설정한다.

3. Dimensions에 Y값으로 62를 입력한다.

8. Title 하위에 있는 Label 게임오브젝트를 선택하고, 다음 과정을 거친다.

1. 텍스트 입력란에 [AAFFFF]Main Menu를 입력한다.

2. Overflow 유형을 Resize Freely로 설정한다.

3. Depth 값으로 3을 사용한다.

9. Label을 선택한 상태에서 Component ﹥ NGUI ﹥ UI ﹥ Anchor로 UIAnchor 컴 포넌트를 추가한다.

1. Title 하위에 있는 Background 게임오브젝트를 UIAnchor 컴포넌트의 Container 필드로 드래그한다.

2. Side는 Center로 설정한다.

10. 계층 뷰에서 Title 게임오브젝트를 선택한다.

11. Component ﹥ NGUI ﹥ UI ﹥ Anchor를 선택해서 UIAnchor 컴포넌트를 추가 한다.

1. Window 게임오브젝트를 UIAnchor 컴포넌트의 Container 필드로 드래 그 한다.

2. Side는 Top으로 설정한다.

계층 뷰에서 Title 게임오브젝트의 모습은 다음과 같다.

UI 창이라고 부를 수 있는 최소한의 것을 만들었다. 이 과정에서 UIAnchor

를 이용해서 일일이 위치와 크기를 맞추는 수고를 피했다. 이제 버튼을 만들 차례다.

버튼

NGUI에서는 손쉽게 버튼을 만들고 설정할 수 있다.

첫 버튼을 만든다.

1. Panel 게임오브젝트를 선택한다.
2. Alt + Shift + N으로 새로운 게임오브젝트를 Panel의 자식으로 생성한다. 이 게임오브젝트는 앞으로 만들 버튼들을 담는 컨테이너 역할을 한다.
   1. 이름을 Buttons로 바꾼다.
3. NGUI ▶ Open ▶ Widget Wizard로 가서 위젯 마법사를 연다.
   1. Template에서 Button을 고른다.
   2. Background에서 Button을 고른다.
4. Buttons가 선택된 상태에서 Add To 버튼을 누른다.

버튼이 생성돼 화면 정중앙에 배치된다. 계층 뷰를 본다. 버튼은 컨테이너 역할을 하는 Button 게임오브젝트와 Background와 Label이라는 두 개의 자식 게임오브젝트로 구성된다. 이것이 NGUI가 버튼을 처리하는 방식이다. 쉽게 말하면 템플릿은 컴포넌트와 위젯의 조합이다. 원한다면 템플릿 없이도, 빈 게임오브젝트에 적절한 컴포넌트를 붙여서 버튼을 만들 수 있다.

유니티 에디터 상단의 플레이 버튼을 눌러 게임을 실행한다. 호버와 클릭 이벤트가 이미 처리돼 있다. 이때 만약 버튼이 앞서 만든 Window 오브젝트에 가려져 있다면 Button 하위의 Background와 Label의 Depth 값을 각각 2와 3으로 높인다. 레이블이 버튼 위에 그려지기 때문에 레이블의 Depth 값이 버튼의 스프라이트 보다는 커야 한다. 실행을 멈추고 Button 게임오브젝트를 선택한다. 인스펙터로 간다. 상호작용을 하는 위젯에는 충돌체가 붙어있는데, 바로 버튼이 그 경우에 해당한다. 충돌체를 통해서 커서와의 충돌을 감지하는 것이다.

파라미터

버튼에 있는 UIButton 컴포넌트의 파라미터를 살펴본다.

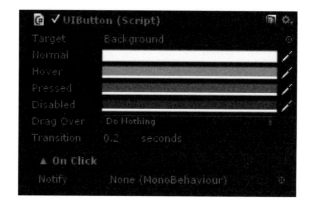

- Target: 호버나 클릭 등의 이벤트가 있을 경우, 이곳에 지정된 게임오브젝트가 변형, 수정된다. 버튼의 Background가 기본으로 지정돼 있다.

- Normal: 아무 일도 일어나지 않는 평소 상태의 색상

- Hover: 사용자의 커서가 버튼 위에 있는 호버 상태의 색상

- Pressed: 사용자가 버튼을 클릭해서 누르고 있는 동안 색상

- Disabled: 버튼이 비활성화된 상태(클릭할 수 없는 상태)에서의 색상

- Transition: 이벤트 별로 색상이 변할 때, 변하는 시간을 설정하는 곳이다. 이 곳에 설정한 수치가 클수록 변환이 느리게 이뤄진다.

- Notify: 버튼이 클릭됐을 때 호출할 함수를 지정하는 곳이다. 우선은

Notify 필드로 호출할 함수가 들어있는 게임오브젝트를 드래그한다. 그러면 Method 필드가 나타나고, 게임오브젝트에 연결된 스크립트의 함수가 드롭다운 메뉴에 나타난다.

그림은 Panel 게임오브젝트를 Notify 필드로 드래그한 모습이다. Panel에는 ButtonManager.cs라는 스크립트가 연결돼 있고, 그 스크립트 안에는 ButtonClicked()이라는 함수가 들어있다. 그림에서는 Method 필드에서 이 함수를 선택하고 있다. 따라서 버튼을 클릭할 때 바로 이 함수를 호출한다.

 인자(argument)가 없는 퍼블릭(public) 함수만 Notify 파라미터의 Method 필드에 나타난다.

버튼에는 PlaySound 컴포넌트도 있다. 발생한 이벤트에 따라서 재생할 오디오 클립audio clip을 선택할 수 있다. 또한 Pitch와 Volume 파라미터로 음량과 음높이를 조절한다.

 호버나 클릭 등의 이벤트 각각에 사운드를 넣기 위해서 여러 개의 PlaySound 컴포넌트를 사용할 수 있다.

플레이 버튼과 나가기 버튼

앞에서 만든 UI 창에 게임을 시작하고 나갈 때 사용할 두 개의 버튼을 추가한다. 다음과 같은 모습이 될 것이다.

우선 게임을 관리할 게임오브젝트가 필요하다. 여기에는 게임 시작하기와 나가기 같은 일반적인 행동을 관리하는 GameManager.cs 스크립트가 연결된다.

1. 계층 뷰의 빈 곳에서 Ctrl + Shift + N 키를 눌러 새로운 게임오브젝트를 생성한다.

   1. 이름을 GameManager로 바꾼다.

2. GameManager란 이름의 C# 스크립트를 만든다.

   1. GameManager.cs를 스크립트 편집기에서 연다.

   2. 다음 코드를 담은 ExitPressed() 함수를 추가한다.

   ```
   public void ExitPressed()
   {

     // 게임에서 나간다.
     Application.Quit();
   }
   ```

3. GameManager 게임오브젝트로 GameManager.cs 스크립트를 드래그해서 연결한다.

💡 **코드 내려받기**

예제에 사용된 스크립트 파일은 에이콘 출판사 홈페이지 도서정보 페이지에서 내려받을 수 있다. 그러나 프로젝트 파일은 제공하지 않는다. 프로젝트 파일에는 NGUI 카피가 들어 있기 때문이다.

나가기를 처리할 함수가 준비됐다. 이제 두 개의 버튼을 만들 차례다.

1. Button 게임오브젝트를 선택한다.

1. 이름을 Exit으로 바꾼다.

2. GameManager 게임오브젝트를 Notify 필드로 드래그한다.

3. Method 필드에서 GameManager.ExitPressed를 고른다.

4. Normal에 R = 185, G = 255, B = 255, A = 255를 지정한다.

5. Hover에 R = 0, G = 220, B = 255, A = 255를 지정한다.

2. Button 게임오브젝트가 선택된 상태에서 Component ❯ NGUI ❯ UI ❯ Anchor 로 가서 UIAnchor 컴포넌트를 추가한다.

1. Window 게임오브젝트를 Container 필드로 드래그한다.

2. Side는 BottomLeft를 선택한다.

3. Pixel Offset에는 135, 60을 입력한다.

3. Exit 하위의 Background 게임오브젝트를 선택한다.

1. Depth 값으로 2를 지정한다.

4. Exit 하위의 Label 게임오브젝트를 선택한다.

1. 텍스트를 Exit으로 바꾼다.

2. Depth 값으로 3을 지정한다.

나가기 버튼을 모두 마쳤다. 이제 플레이 버튼을 만든다.

1. Exit 버튼을 복사한다.

1. 복사한 버튼의 이름을 Play로 바꾼다.

2. UIButton 컴포넌트의 Notify 필드 앞에 있는 빼기 버튼을 눌러서 GameManager 게임오브젝트와의 연결을 끊는다.

3. Side를 BottomRight로 지정한다.

4. Pixel Offset에는 −135, 60을 입력한다.

2. 복사한 버튼이 선택된 상태로 Component ❯ NGUI ❯ Examples ❯ Load Level On Click를 선택한다. 인스펙터의 Level Name이라는 문자열string 파라미 터에 Game을 입력한다.

3. Play 버튼의 자식 중 Label을 찾아서, 텍스트를 Play로 바꾼다.

훌륭하다. 단 한 줄의 코드로 나가기 버튼을 구현한 것이다. Pixel Offset을 이용해서 버튼이 창의 경계로부터 일정 간격만큼 떨어지게 처리했다. 화면 해상도가 변해도 이 간격은 유지된다. Game 씬은 5장에서 실제로 만들게 된다. 그러나 당장 Game 씬이 없으면 존재하지 않는 씬을 찾기 때문에 계속 오류가 발생한다. 새로운 씬을 만들어 Game이란 이름으로 저장한다. 그 다음 현재 작업 중인 Menu 씬과 함께 Build Settings의 Scenes in Build에 추가한다.

 위젯 마법사로 이미지 버튼(Image button)을 만들 수 있다. 이미지 버튼도 일반 버튼과 동일하다. 단지 Normal, Hover, Pressed, Disabled, 각 이벤트에 색상과 스케일 트윈 (tween)을 사용하는 대신, 다른 이미지를 지정해서 사용한다.

텍스트 입력

별명 입력 상자를 만들기 위해 텍스트 입력_{text input}에 대해 알아본다.

1. Panel을 선택하고 Alt + Shift + N을 눌러서 자식 게임오브젝트를 생성한다. 이름을 Nickname으로 바꾼다. 별명 입력 상자를 담는 컨테이너가 된다.

2. NGUI ▶ Open ▶ Widget Wizard로 가서 위젯 마법사를 연다.

    A. 프로젝트 뷰에서 NGUI ▶ Examples ▶ Atlases ▶ SciFi로 간다.

    B. SciFi Font - Normal 프리팹을 위젯 마법사의 Font 필드로 드래그 한다.

    C. Template에서 Input을 선택한다.

    D. Background에서 Dark 스프라이트를 선택한다.

3. Nickname 게임오브젝트가 선택된 상태로 Add To 버튼을 클릭한다.

Input이란 이름의 새로운 위젯이 씬에 추가됐다.

파라미터

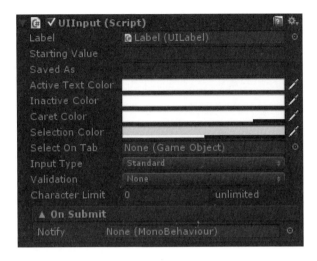

Input 게임오브젝트가 생성됐다. 인스펙터에서 UIInput 컴포넌트의 파라미터를 확인한다.

- Starting Value: 아무 내용도 없다면 비워두거나, 처음부터 입력란에 표시할 텍스트를 있으면 이곳에 입력한다. 아무 내용도 없을 경우, Input 게임오브젝트가 선택됐을 때 입력란의 텍스트가 지워진다.

- Saved As: 입력란에 입력된 텍스트가 자동으로 여기서 지정한 PlayerPrefs 키에 저장된다.[4]

- Active Text Color: 텍스트가 편집되고 있을 동안의 색상이다.

- Inactive Color: 선택되지 않은 상태에서의 텍스트 색상이다.

- Caret Color: 캐럿의 색상이다.

- Selection On Tab: Tab키를 눌러서 다음 입력란으로 넘어갈 수 있다. 이때 다음 입력란이 될 게임오브젝트를 이 필드로 드래그해서 지정한다.

---

4 온라인 게임에서 로그인을 할 때, 예전에 입력했던 아이디를 저장돼서 새롭게 입력할 필요가 없는 경우가 있다. 바로 그럴 경우에 사용한다. 뒤에 4장에서 자세히 다룬다. - 옮긴이

- Selection Color: 입력란의 텍스트를 선택했을 때 선택된 영역에 사용할 색상이다.
- Input Type
  - Standard: 표준 입력 방식을 사용한다.
  - Auto-Correct: 모바일 플랫폼에서 자동 수정 기능을 사용한다.
  - Password: 입력된 텍스트가 화면에서는 특수문자(*)로 표시된다.
- Validation: 특정 타입의 값만 입력하도록 제한한다.
- Character Limit: 입력할 수 있는 텍스트의 수를 제한한다

별명 입력 상자

텍스트 입력을 이용해서 다음과 같은 모습의 별명 입력 상자를 만든다.

별명 입력 상자를 만들기 위해 다음 절차를 따른다.

1. Window 게임오브젝트를 복사한다.
   1. 이름을 Background로 바꾼다.
   2. Nickname 게임오브젝트로 드래그해서 자식으로 만든다.
   3. Depth 값으로 2를 사용한다.
   4. Dimensions 값으로 440, 120을 입력한다.
2. Input 게임오브젝트를 선택한다.
   1. Box Collider의 center 값을 0, 0, 0으로 설정한다.
   2. Saved As 필드에 Nickname이라고 입력한다.
   3. Character Limit에 25를 설정한다.

3. Component ▶ NGUI ▶ UI ▶ Anchor로 가서 UIAnchor 컴포넌트를 추가한다.

   1. Nickname 하위의 Background 게임오브젝트를 Container 필드로 드래그한다.

   2. Pixel Offset 값을 0, -17로 한다.

4. Title 게임오브젝트 하위의 Label 게임오브젝트를 복사하고, 선택한다.

   1. Nickname 게임오브젝트의 자식으로 만든다.

   2. Depth 값을 4로 바꾼다.

   3. 텍스트를 [AAFFFF]Nickname으로 바꾼다.

   4. Nickname 하위의 Background 게임오브젝트를 UIAnchor의 Container로 드래그한다.

   5. Pixel Offset 값을 0, 32로 한다.

5. Input 하위의 Background 게임오브젝트를 선택한다.

   1. Depth 값을 3으로 바꾼다.

   2. Pivot은 정중앙으로 맞춘다.

   3. Transform에 있는 위치 값을 0, 0, 0으로 초기화한다.

   4. Color는 R = 100, G = 230, B = 255, A = 255로 바꾼다.

6. Input 하위의 Label 게임오브젝트를 선택한다.

   1. Depth 값을 4로 바꾼다.

   2. Pivot은 중앙으로 맞춘다.

   3. Transform에 있는 위치 값을 0, 0, 0으로 초기화한다.

   4. 텍스트를 Enter your Name Here로 바꾼다.

7. Nickname 게임오브젝트를 선택한다.

8. Component ▶ NGUI ▶ UI ▶ Anchor로 가서 UIAnchor 컴포넌트를 추가한다.

   1. Window 게임오브젝트를 Container 필드로 연결한다.

   2. Side는 Top으로 설정한다.

   3. Pixel Offset 값을 0, -220으로 한다.

별명 입력 상자를 완성했다. 계층 뷰에서 구조는 다음과 같다.

이제 사용자는 최대 25개 문자를 사용해서 별명을 입력할 수 있다. 한편 UIAnchor를 사용했기 때문에 Window 게임오브젝트를 움직이면 입력 상자가 함께 움직인다.

슬라이더

사용자가 적절한 볼륨을 고를 때 사용할 볼륨 슬라이더를 만든다.

슬라이더도 템플릿으로 제공된다. 바bar를 따라서 핸들thumb을 움직이며 파라미터를 수정한다. 그럼 볼륨 슬라이더를 만들어 보자.

1. Panel 게임오브젝트를 선택하고 Alt + Shift + N을 눌러서 새로운 자식 게임오브젝트를 만든다.

2. 이름을 Volume으로 바꾼다. 이 게임오브젝트는 볼륨 관련 설정이 담길 컨테이너 역할을 한다.

3. NGUI ▶ Open ▶ Widget Wizard로 가서 위젯 마법사를 연다.

   1. Template에서 Slider를 선택한다.

   2. Empty에서 Dark 스프라이트를 선택한다.

   3. Full에서 Light 스프라이트를 선택한다.

   4. Thumb에서 Highlight를 선택한다.

4. Volume 게임오브젝트가 선택된 상태로 Add To 버튼을 누른다.

파라미터

슬라이더를 만들었다. UISlider 컴포넌트의 파라미터를 살펴본다.

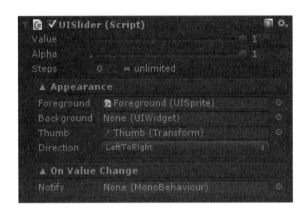

- Value: 슬라이더의 현재 값Value을 나타낸다. 슬라이더는 0과 1사이의 값을 가진다.

- Alpha: 슬라이더의 투명도를 설정한다.

- Steps: 0과 1 사이에 단계를 만들 때 사용한다.

- Foreground: 값을 나타내기 위해 슬라이더를 채우는 스프라이트

- Thumb: 슬라이더 값을 조절하는 핸들이 되는 스프라이트. 이 필드에 아무 것도 연결하지 않을 경우, 사용자가 상호작용 할 수 없는 단순한 진행 바가 된다.

- Direction: 슬라이더가 0에서 1의 값을 표시하는 방향을 결정한다.

- Notify: 이 필드에 연결된 게임오브젝트를 통해 슬라이더의 값이 변할 때 특정 함수를 호출한다. 게임오브젝트를 연결하면 슬라이더 값이 변할 때 호출할 함수를 지정할 수 있다.

볼륨 슬라이더

슬라이더 위젯을 이용해서 볼륨 슬라이더를 제작한다.

다음 단계를 따라서 볼륨 슬라이더를 만든다.

1. Nickname 하위의 Background 게임오브젝트를 복사한다.

   1. 복사한 게임오브젝트를 Volume의 자식으로 만든다.

   2. Dimensions 값으로 320, 135을 입력한다.

2. Background 게임오브젝트를 선택한 상태에서 Component ❯ NGUI ❯ UI ❯ Anchor로 가서 UIAnchor 컴포넌트를 추가한다.

   1. Window를 Container 필드로 드래그한다.

   2. Pixel Offset 값으로 -420, -90을 입력한다.

3. Nickname 하위의 Label 게임오브젝트를 복사한다.

   1. 복사한 게임오브젝트를 Volume의 자식으로 만든다.

   2. Volume 하위의 Background를 UIAnchor의 Container 필드로 드래그한다.

   3. 텍스트를 [AAFFFF]Volume으로 바꾼다.

4. Slider 게임오브젝트를 선택한다.

5. Component ❯ NGUI ❯ UI ❯ Anchor로 가서 UIAnchor 컴포넌트를 추가한다.

   1. Volume 하위의 Background를 UIAnchor의 Container 필드에 연결한다.

   2. Pixel Offset 값으로 -100, -23을 입력한다.

6. Slider 하위의 Background 게임오브젝트를 선택한다.

   1. Depth 값을 3으로 바꾼다.

   2. Color는 R = 80, G = 220, B = 85, A = 255로 바꾼다.

7. Slider 하위의 Foreground 게임오브젝트를 선택한다.

1. Depth 값을 4로 바꾼다.

2. Color는 R = 95, G = 225, B = 190, A = 255로 바꾼다.

8. Slider 하위의 Thumb 게임오브젝트를 선택한다.

1. Depth 값을 5로 바꾼다.

2. Color는 R = 100, G = 225, B = 250, A = 255로 바꾼다.

멋진 볼륨 슬라이더를 완성했다. 계층 뷰에서 다음과 같은 구조를 확인할 수 있다.

이제 스크립트를 통해 볼륨 슬라이더가 실제로 게임의 볼륨을 조절하게 만든다. 메인 메뉴에 음악을 추가한다. 우선 원하는 음악 파일을 프로젝트로 가져온다.

1. Main Camera를 선택한다.

2. Component ▶ Audio ▶ AudioSource를 선택해서 AudioSource 컴포넌트를 추가한다.

1. 프로젝트에 추가한 음악 파일을 AudioSource의 Audio Clip 필드로 드래그한다.

3. Slider 게임오브젝트를 선택한다.

1. VolumeManager이란 이름으로 C# 스크립트를 만들어서 Slider에 연결한다.

2. VolumeManager.cs를 연다.

먼저 필요한 변수를 선언하고 초기화한다. 변수를 선언하고, Awake() 함수를 작성한다.

```
// 슬라이더가 필요하다.
UISlider slider;

void Awake ()
{
    // 슬라이더를 찾는다.
    slider = GetComponent<UISlider>();
    // 슬라이더 값으로 마지막에 저장된 값을 사용한다.
    slider.value = NGUITools.soundVolume;⁵
}
```

슬라이더의 값을 NGUITools.soundVolume으로 초기화했다. 플롯flaot 타입의 이 값은 게임을 종료한 경우에도 저장돼 남으며, 여러 씬에서 저장하고 불러올 수 있다.

볼륨 슬라이더의 값이 변할 때마다 호출돼서 AudioListener의 음량을 조절하게 될 OnVolumeChange() 함수를 작성한다.

```
public void OnVolumeChange ()
{
    // 슬라이더 값으로 NGUI 사운드 볼륨을 바꾼다.
    NGUITools.soundVolume = UISlider.current.value;
    // 슬라이더 값으로 AudioListener의 볼륨을 바꾼다.
    AudioListener.volume = UISlider.current.value;
}
```

함수가 준비됐다. 이제 볼륨 슬라이더의 값이 변할 때마다 함수를 호출하면 된다. UISlider 컴포넌트의 Notify 필드로 간다.

1. Volume 하위에 있는 Slider 게임오브젝트를 Notify 필드로 드래그한다.

---

5 NGUITools 클래스는 게임 UI 제작의 편이 위해 NGUI가 제공하는 클래스다. 자세한 내용은 http://www.tasharen.com/ngui/docs/class_n_g_u_i_tools.html을 참조한다. – 옮긴이

2. Method 필드에서 VolumeManager.OnVolumeChange를 선택한다.

이제 볼륨 슬라이더의 값이 바뀌면 그때마다 볼륨을 조절하는 함수가 호출된다.

게임을 실행한다. 슬라이더로 음악의 볼륨을 바꿀 수 있다. 또한 마지막으로 사용한 볼륨이 저장돼서, 게임을 멈추고 다시 실행했을 때도 그대로 남아 있다.

토글

볼륨 슬라이더를 만들었다. 이제는 체크 박스를 이용해서 사운드 자체를 끄고 켜는 기능을 추가한다. 사운드를 끄면 볼륨이 0이되고, 슬라이더가 사라진다.

우선 토글toggle 위젯을 만든다.

1. Panel 게임오브젝트를 선택하고 Alt + Shift + N을 눌러서 새로운 자식 게임오브젝트를 만든다.
2. 이름을 Sound로 바꾼다. 이 게임오브젝트는 사운드 토글이 담길 컨테이너 역할을 한다.
3. NGUI ▶ Open ▶ Widget Wizard로 가서 위젯 마법사를 연다.
    1. Template에서 Toggle을 선택한다.
    2. Background에서 Dark 스프라이트를 선택한다.
    3. Checkmark에서 X 스프라이트를 선택한다.
    4. Sound 게임오브젝트가 선택된 상태로 Add To 버튼을 누른다

토글이 레이블과 함께 생성된다.

파라미터

Toggle 게임오브젝트를 선택한다. 인스펙터에 나타난 UIToggle 컴포넌트의 파라미터를 살펴본다.

- Group: 토글 그룹을 설정한다. 같은 그룹 내에 있는 토글은 라디오 버튼radio button처럼 작동한다. 한 시점에 하나의 버튼만 체크할 수 있다.
- Starting State: 처음 시작할 때 토글의 상태를 정의한다.
- Sprite: 체크마크에 사용할 위젯을 선택한다. 여기서는 X 스프라이트를 선택했다.
- Animation: 체크 박스의 상태가 바뀔 때 사용할 애니메이션을 지정한다.
- Transition: Smooth와 Instant, 두 가지가 있다. Smooth의 경우, 알파 값을 이용한 페이드인과 페이드 아웃 효과가 적용된다.
- Notify: 토글의 상태가 변했을 때 그 사실을 알릴 게임오브젝트를 연결한다. 게임오브젝트를 연결하면 토글의 상태가 변할 때 호출할 함수를 지정할 수 있다.

사운드 토글

UIToggle 컴포넌트의 파라미터를 설명했다. 이제 직접 사운드 토글을 만든다.

앞서 추가한 Toggle 게임오브젝트를 이용해서 사운드 토글 상자를 만든다.

1. Volume 하위의 Background와 Label을 모두 선택한다.

   1. 두 게임오브젝트를 복사한다.

   2. 복사한 게임오브젝트를 Sound의 자식으로 만든다.

2. Sound 하위의 Background 게임오브젝트를 선택하고, UIAnchor의 Pixel Offset 값으로 −420, 43을 입력한다.

3. Sound 하위의 Label 게임오브젝트를 선택하고, 텍스트를 [AAFFFF]Sound 로 바꾼다.

4. Toggle 게임오브젝트를 찾아서, UIToggle 컴포넌트의 Starting State 파라 미터를 체크한다.

5. Toggle 게임오브젝트를 선택한 상태에서 Component ➤ NGUI ➤ UI ➤ Anchor 로 가서 UIAnchor 컴포넌트를 추가한다

   1. Sound 하위의 Background를 Container 필드로 드래그한다.

   2. Pixel Offset 값으로 −75, −10을 입력한다.

6. Toggle 게임오브젝트를 선택한 상태에서 Component ➤ NGUI ➤ Interaction ➤ Toggled Objects로 간다. UIToggled Object 컴포넌트의 Activate 배열의 Size에 1을 입력하고, Element 0 필드가 생기면 Volume 게임오브젝트를 드래그해서 연결한다.

7. Toggle 하위의 Background 게임오브젝트를 선택한다.

   1. Depth 값을 4로 바꾼다.

   2. Color는 R = 130, G = 225, B = 130, A = 255로 바꾼다.

8. Toggle 하위의 Checkmark 게임오브젝트를 선택한다.

1. Depth 값을 5로 바꾼다.
2. Color는 R = 50, G = 225, B = 70, A = 255로 바꾼다.

9. Toggle 하위의 Label 게임오브젝트를 선택한다.

1. Depth 값을 4로 바꾼다.
2. 텍스트를 [AAFFFF]Enabled로 바꾼다. 레이블의 텍스트가 두 줄로 그려지거나 원하는 모습이 아니라면 직접 Label의 Dimensions을 수정해서 위치를 바로 잡는다.
3. Color는 R = 200, G = 225, B = 250, A = 255로 바꾼다.

게임을 실행한다. 토글이 달린 멋진 사운드 옵션 상자를 완성했다. 이 토글을 통해 볼륨 박스를 감추거나 보여줄 수 있다. 그러나 아직 사운드를 끄는 기능은 구현되지 않았다.

이 기능을 위해서 VolumeManager.cs를 일부 수정한다.

VolumeManager.cs 스크립트를 연다. 토글의 상태가 변할 때 호출할 OnSoundToggle()이라는 함수를 추가한다. 이 함수는 볼륨을 직접 0으로 바꾸거나, 슬라이더 값을 볼륨에 지정한다.

```
public void OnSoundToggle()
{
    float newVolume = 0;
   // 사운드 토글이 켜진 상태라면 슬라이더의 값을 볼륨으로 사용한다.
    if(UIToggle.current.value)
        newVolume = slider.value;
   // newVolume 값을 볼륨으로 사용한다.
    AudioListener.volume = newVolume;
    NGUITools.soundVolume = newVolume;
}
```

이 함수는 토글의 상태에 따라서 볼륨을 0으로 하거나, 아니면 슬라이더의 값을 볼륨으로 사용한다. Toggle 게임오브젝트를 보면 UIToggle 컴포넌트의

On Value Change 섹션 밑에 Notify 필드가 있다. 이곳으로 Volume 하위에 있는 Slider 게임오브젝트를 드래그한다. 그 다음 Method 필드에서 VolumeManager. OnSoundToggle을 선택한다.

게임을 실행한다. 그렇다. Toggle의 체크 박스를 클릭하면 그에 따라 볼륨 상자와 함께 음악이 꺼지고 켜진다.

그런데 체크 박스를 해제하고 실행을 멈춘 다음, 다시 게임을 실행하면 체크 박스가 선택돼 있고, 볼륨이 0인 상태로 있다.

볼륨이 0인 상태로 게임이 종료됐고, 시작할 때 체크 박스는 체크된 상태로 시작하기 때문이다. 간단한 코드를 추가해서 볼륨이 0일 경우는 체크 박스가 해제된 상태로 시작하게 만든다.

1. VolumeManager.cs 스크립트를 연다.

2. 앞부분에 새로운 전역global 변수를 선언한다.

   ```
   public UIToggle soundToggle;
   ```

3. Awake() 함수 끝부분에 다음 코드를 추가한다.

   ```
   // 볼륨이 0이면, 사운드 체크박스를 해제한다.
   if(NGUITools.soundVolume == 0f) soundToggle.value = false;
   ```

4. 스크립트를 저장하고 유니티로 돌아온다.

5. Volume 하위에 있는 Slider 게임오브젝트를 선택한다. Volume Manager 컴포넌트의 Sound Toggle 필드로 Sound 하위에 있는 Toggle 게임오브젝트를 드래그한다.

게임을 실행한다. 토글로 사운드를 끄고 실행을 종료한다. 다시 게임을 실행한다. 체크박스가 해제된 상태로 시작하고 볼륨 슬라이더도 사라진 상태다. 완벽하게 처리됐다.

팝업 리스트

팝업 리스트를 만드는 방법을 익히고, 관련된 파라미터를 살펴본다. 그 다음 팝업 리스트를 이용해서 게임 난이도 선택창을 만든다.

1. Panel 게임오브젝트를 선택하고 Alt + Shift + N을 눌러서 새로운 자식 게임오브젝트를 만든다.

2. 이름을 Difficulty로 바꾼다. 이 게임오브젝트에 난이도 선택창을 담게 된다.

3. NGUI ▶ Open ▶ Widget Wizard로 가서 위젯 마법사를 연다.

    1. Template에서 Popup List를 선택한다.

    2. Foreground에서 Dark 스프라이트를 선택한다.

    3. Background에서 Dark 스프라이트를 선택한다.

    4. Highlight에서 Highlight 스프라이트를 선택한다.

4. Difficulty 게임오브젝트가 선택된 상태로 Add To 버튼을 누른다.

파라미터

Popup List 게임오브젝트를 생성했다. 관련된 파라미터를 살펴본다.

- Options: 팝업 리스트에 나열될 항목들. 각 행이 하나의 항목이다.
- Default: 처음부터 선택돼 있는 기본 항목을 선택한다.
- Position: 팝업 리스트를 버튼의 위에 그릴지, 아니면 아래 그릴지 결정한다. Auto를 선택하면 NGUI가 화면에 빈 공간을 감안해서 둘 중 하나를 선택한다.
- Localized: 항목에 지역화를 적용할지 결정한다.
- Atlas: 팝업 리스트에 사용할 아틀라스를 선택한다.

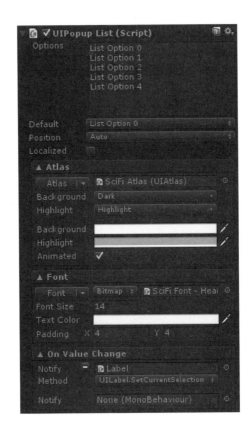

- Background: 팝업 리스트 항목들이 담긴 상자에 사용할 스프라이트

- Highlight: 현재 마우스가 가리키고 있는 항목을 보여줄 때 사용할 스프라이트

- Animated: 해제할 경우, 팝업 리스트가 즉각적으로 나타난다.

- Font: 팝업 리스트의 항목을 표기할 때 사용할 폰트를 선택한다.

- Font Size: 사용할 폰트 크기를 결정한다.

- Padding: 각 항목의 상하, 좌우 여백을 설정한다.

- Notify: 선택된 항목이 바뀔 때마다, 이곳에 연결된 게임오브젝트를 통해 지정된 함수를 호출한다.

UIPopup List 컴포넌트에는 앞서 이미 살펴본 UIButton과 UIPlay Sound 컴포넌트가 들어 있다.

 위젯 마법사의 템플릿에서 팝업 메뉴(Popup Menu)를 사용할 수도 있다. 팝업 리스트와 팝업 메뉴의 차이점은 메뉴에서는 선택한 항목을 표시하지 않는다는 점이다. 즉 팝업 메뉴에서는 버튼 레이블이 바뀌지 않고 그대로 남아있다.

난이도 선택창

Popup List 게임오브젝트를 이용해서 게임 난이도를 선택하는 창을 만든다.

난이도 선택창을 만들기 위해 다음 과정을 따른다.

1. Sound 하위의 Background와 Label을 모두 선택한다.
    1. 두 게임오브젝트를 복사한다.
    2. 복사한 게임오브젝트를 Difficulty의 자식으로 만든다.
2. Difficulty에 있는 Background 게임오브젝트를 선택하고, UIAnchor의 Pixel Offset 값으로 420, 43을 입력한다.
3. Difficulty에 있는 Label 게임오브젝트를 선택하고, 텍스트를 [AAFFFF] Difficulty로 바꾼다.
4. 계층 뷰에서 Popup List를 선택한다.
    1. 이름을 Popup으로 바꾼다.

2. Options 창에 Normal과 Hard를 각각의 행에 적는다.

3. Text Color는 R = 190, G = 250, B = 255, A = 255로 바꾼다.

4. Background는 R = 70, G = 250, B = 255, A = 255로 바꾼다.

5. Highlight는 R = 70, G = 255, B = 150, A = 255로 바꾼다.

6. Hover는 R = 70, G = 255, B = 150, A = 255로 바꾼다.

5. Popup 게임오브젝트를 선택한 상태에서 Component ❯ NGUI ❯ UI ❯ Anchor 로 가서 UIAnchor 컴포넌트를 추가한다.

1. Difficulty 하위에 있는 Background를 Container 필드로 드래그한다.

2. Pixel Offset 값으로 −76, −20을 입력한다.

6. Popup에 있는 Sprite 게임오브젝트를 선택한다.

1. Color는 R = 170, G = 255, B = 190, A = 255로 바꾼다.

2. Depth 값을 3으로 바꾼다.

7. Popup에 있는 Label 게임오브젝트를 선택한다.

1. Color는 R = 135, G = 255, B = 170, A = 255로 바꾼다.

2. Depth 값을 4로 바꾼다.

게임 난이도 선택창을 UIPopup List 컴포넌트를 이용해서 만들었다. 계층 뷰에서 다음과 같은 구조를 확인할 수 있다.

선택된 난이도를 반영할 수 있는 함수를 만들어서 연결할 차례다.

1. GameManager.cs 스트립트를 연다.

2. 난이도에 사용할 열거형enum을 정의한다.

```
public enum Difficulties
{
    Normal,
    Hard
}
```

3. 현재 난이도를 저장할 열거형 변수를 선언한다.

```
public static Difficulties Difficulty = Difficulties.Normal;
```

게임을 로딩해도 그 값을 계속 유지하기 위해 정적static 변수를 사용했다. 기본 난이도는 Normal이다.

팝업 리스트의 상태가 바뀌면 OnDifficultyChange()라는 함수를 호출해서 Difficulty 변수의 값을 바꾼다.

```
public void OnDifficultyChange()
{
    // 난이도가 Normal로 바뀌면 Difficulty에 Difficulties.Normal을 지정한다.
    if(UIPopupList.current.value == "Normal")
        Difficulty = Difficulties.Normal;
    // Normal이 아닌 경우, 난이도는 Hard다.
    else
        Difficulty = Difficulties.Hard;
}
```

함수가 준비됐다. 이제 팝업 리스트에서 상태가 변할 때 이 함수를 호출한다.

1. 수정한 스크립트를 저장하고 유니티로 돌아온다.

2. Difficulty 하위에 있는 Popup 게임오브젝트를 선택한다.

    1. GameManager 게임오브젝트를 Notify 필드로 드래그 한다.

    2. Method 필드에서 GameManager.OnDifficultyChange를 선택한다.

Popup 게임오브젝트에서의 변화에 따라 Difficulty 변수가 바뀐다. 그리고 게임이 시작된 후에도 여전히 이 변수 값에 접근할 수 있다.

요약

2장에서는 스프라이트, 레이블, 버튼, 텍스트 입력, 슬라이더, 토글, 팝업 리스트 같은 NGUI 주요 위젯들을 살펴봤다.

이 과정에서 상호작용 가능한 요소를 갖춘 메인 메뉴를 제작했다. NGUI의 이벤트 시스템을 통해서 코드의 변수 값을 바꿨고, 사용자의 선택을 저장했다.

UIAnchor와 UIStretch 컴포넌트를 사용해서 위젯을 배치했다. 각 상자의 Background 스프라이트만 움직이면 위젯에 포함된 모든 요소를 손쉽게 이동할 수 있다. 각 게임오브젝트를 하나하나 손으로 움직이는 방식보다 훨씬 효율적이다. 최종적으로 다음과 같은 메인 메뉴가 완성됐다.

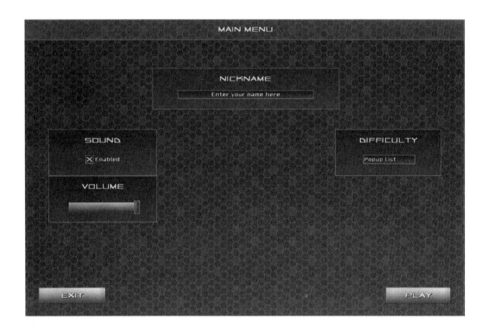

다음 3장에서는 사용자의 UI 경험을 강화하고, 메인 메뉴를 추가적으로 개선할 방법을 살펴본다.

3
NGUI 고급 기능

3장에서는 다음 고급 기능을 통해서 UI 경험을 강화하는 방법을 익힌다.

- 드래그 패널과 애니메이션
- 드래그앤드롭 시스템
- 자동 콘텐츠 정렬
- 클리핑
- 스크롤 텍스트
- 지역화 시스템

NGUI 컴포넌트와 각 컴포넌트의 전반적인 작동 방식을 설명하며 3장을 시작한다.

NGUI 컴포넌트

2장 NGUI 위젯에서는 위젯에 UIStretch와 UIAnchor와 Load Level On Click 컴포넌트를 추가했다. 그 외에도 NGUI에는 많은 컴포넌트가 있다. 3장의 목표는 바로 NGUI의 주요 컴포넌트를 설명하는 것이다. 어떤 위젯이든 컴포넌트를 추가해서 기능을 확장할 수 있다.

컴포넌트 지향 구조는 NGUI를 매우 유연하고 모듈화된 도구로 만든다. 앞서 만든 메인 메뉴 창을 드래그할 수 있는 창으로 변경하면서 설명을 시작한다.

드래그 패널

메인 메뉴를 드래그할 수 있는 창으로 만든다. 이를 위해 적절한 컴포넌트를 추가하고, 관련된 파라미터를 살펴본다.

1. UI Root 하위의 Panel 게임오브젝트를 선택한다.

2. 이름을 MainMenu로 바꾼다.

3. Component ▶ NGUI ▶ Interaction ▶ Scroll View를 선택한다.

MainMenu 게임오브젝트에 UIScroll View 컴포넌트가 추가됐다.

파라미터

UIScroll View를 설정하기 위한 여러 파라미터가 있다.

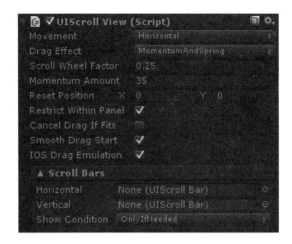

- Movement: 패널을 스크롤할 수 있는 방향을 지정한다.

- Drag Effect: 패널을 드래그할 때 자연스러운 멈춤 효과를 재현하기 위해 사용할 효과를 선택한다.

- Scroll Wheel Factor: 마우스 스크롤 휠로 패널을 Y축 상에서 드래그하려고 할 때, 이 곳에 0 이상의 값을 입력한다.

- Momentum Amount: 패널을 드래그해서 놓았을 때 적용할 탄력을 의미한다.

- Reset Position: 코드에 의해 스크롤 뷰의 위치를 초기화할 때 스크롤 뷰가 되돌아올 위치를 지정한다.

- Restrict Within Panel: 스크롤 뷰의 내용이 스크롤 뷰 영역을 벗어나지 않게 제한한다.

- Cancel Drag If Fits: 스크롤 뷰의 내용이 클리핑 영역 안에 들어와 있으면 더 이상 드래그를 할 수 없다.

- Smooth Drag Start: 드래그를 시작할 때 패널이 건너 뛰는 현상을 피한다.

- IOS Drag Emulation: 클리핑 영역을 넘어갈 때 드래그되는 속력이 감소한다.

- Horizontal: 수평 방향 스크롤 바를 지정한다.

- Vertical: 수직 방향 스크롤 바를 지정한다.

- Show Condition: 언제 스크롤 바를 보여줄 것인지 조건을 선택한다.

UIScroll View 컴포넌트의 파라미터를 살펴봤다. 이 컴포넌트를 이용해서 메인 메뉴를 드래그할 수 있게 만든다.

드래그 패널

UIPanel을 드래그할 수 있는 패널로 만들기 위해 UIScroll View 컴포넌트를 추가했다. 이제 MainMenu를 드래그할 수 있는 내용을 담은 게임오브젝트로 만들어야 한다.

사용자가 패널을 클릭해서 드래그하려면 Box Collider 컴포넌트가 필요하다.

1. MainMenu 게임오브젝트를 선택한다.
    1. UIPanel의 Clipping 파라미터에서 Alpha Clip을 선택한다.
    2. Clipping에 있는 Size 필드에 1920, 1080를 입력한다.
    3. UIScroll View에서 IOS Drag Emulation 옵션을 해제한다.

2. Component ▶ NGUI ▶ Interaction ▶ Drag Scroll View를 선택해서 MainMenu 게임오브젝트에 UIDrag Scroll View 컴포넌트를 추가한다.

3. NGUI ▶ Attach ▶ Collider를 선택해서 Box Collider를 추가한다.
    1. Is Trigger 옵션이 체크돼 있는지 확인한다. 충돌 처리까지는 필요 없다. UICamera의 레이캐스트를 감지하기 위한 트리거trigger면 충분하다.
    2. Center에는 0, 395, 0을 입력한다.
    3. Size에는 1300, 62, 1을 입력한다.

게임을 실행한다. 타이틀 부분을 클릭하면 메인 메뉴 창을 드래그할 수 있다. 그러나 아직까지는 제대로 설정됐다고 할 수 없다. 오직 X축으로만 창을 움직일 수 있다.

메인 메뉴 창을 X축 상에서만 움직이게 하는 UIScroll View 컴포넌트의 파라미터를 수정한다.

1. MainMenu 게임오브젝트를 선택한다.

2. UIScroll View 컴포넌트의 Movement를 Unrestricted로 바꾼다.

이제 메인 메뉴 창을 자유롭게 드래그할 수 있다. 메뉴 창을 화면 밖으로 드래그한 다음 마우스 버튼을 놓으면 창이 다시 화면 안으로 들어온다. Restrict Within Panel 옵션에 의한 것이다.

드래그앤드롭 시스템

사용자가 아이템을 선택할 수 있는 UI를 만들기 위해 드래그앤드롭drag-and-drop 시스템을 구현한다. 다음 그림처럼 사용자는 두 개의 아이템 중 선택한 하나를 아이템 슬롯으로 드래그앤드롭 할 수 있다.

 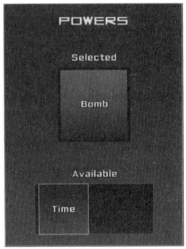

아이템 선택

두 개의 아이템 중 하나를 선택할 수 있는 드래그앤드롭 시스템을 만든다.
하나는 폭탄 아이템이고, 다른 하나는 잠시 동안 시간을 늦추는 시계 아이템
이다.

아이템 상자

드래그할 수 있는 아이템을 담게 될 아이템 상자를 만든다.

1. MainMenu 게임오브젝트를 선택한다.

    1. Alt + Shift + N을 눌러서 새로운 자식 게임오브젝트를 만든다.

    2. 이름을 Powers로 바꾼다.

2. Sound 하위의 Background와 Label을 모두 선택한다.

    1. 두 게임오브젝트를 복사한다.

    2. 복사한 게임오브젝트를 Powers의 자식으로 만든다.

3. Powers 하위의 Background 게임오브젝트를 선택한다.

    1. Dimensions에 320, 420을 입력한다.

    2. UIAnchor에 있는 Pixel Offset에는 0, −100을 입력한다.

    3. Depth 값을 2로 바꾼다.

4. Powers 하위에 있는 Label 게임오브젝트를 선택한다.

    1. 이름을 TitleLabel로 바꾼다.

    2. 텍스트를 [AAFFFF]Powers로 바꾼다.

    3. Pixel Offset 값으로 0, 160을 입력한다.

5. Title 하위의 Label 게임오브젝트를 선택한다.

    1. 게임오브젝트를 복사한다.

    2. 이름을 SelectedLabel로 바꾼다.

    3. Powers 게임오브젝트로 드래그해서 자식으로 만든다.

4. Powers 하위의 Background 게임오브젝트를 UIAnchor의 Container 필드로 드래그한다.

5. UIAnchor의 Side 파라미터를 Top으로 바꾼다.

6. UIAnchor의 Pixel Offset에 0, −95를 입력한다.

7. UILabel에서 Font 버튼을 클릭하고 SciFi Font – Normal을 선택한다.

8. 텍스트를 [AAFFFF]Selected로 바꾼다.

6. Powers에 있는 SelectedLabel 게임오브젝트를 선택한다.

1. 게임오브젝트를 복사한다.

2. 이름을 AvailableLabel로 바꾼다.

3. 텍스트를 [AAFFFF]Available로 바꾼다.

4. UIAnchor의 Pixel Offset에 0, −295를 입력한다.

7. Powers에 있는 SelectedLabel 게임오브젝트를 선택한다.

1. 게임오브젝트를 복사한다.

2. 이름을 InstructionsLabel로 바꾼다.

3. 텍스트를 [55AA99]Drag Power Here로 바꾼다. 각 단어를 각 행에 나눠서 입력한다.

4. Overflow 파라미터를 Shrink Content로 바꾼다.

5. Depth 값을 4로 바꾼다.

6. Dimensions에 128, 45를 입력한다.

7. Pixel Offset 값으로 0, −175를 입력한다.

8. Powers에 있는 Background 게임오브젝트를 선택한다.

    1. 게임오브젝트를 복사한다.

    2. 이름을 PowersContainer로 바꾼다.

    3. Dimensions에 215, 90을 입력한다.

    4. Color는 R = 100, G = 100, B = 100, A = 255로 바꾼다.

    5. Depth 값을 3으로 바꾼다.

    6. Powers에 있는 AvailableLabel 게임오브젝트를 UIAnchor의 Container 필드로 드래그한다.

    7. Pixel Offset 값으로 0, −60을 입력한다.

레이블이 붙은 아이템 상자를 만들었다.

드래그할 수 있는 아이템

아이템 상자는 준비됐다. 이제 드래그할 수 있는 두 개의 아이템을 만든다.

다음 과정을 따라 아이템을 만든다.

1. Powers에 있는 PowersContainer 게임오브젝트를 선택한다.

2. Alt + Shift + N을 눌러서 새로운 자식 게임오브젝트를 만들고, 이름을 Bomb으로 바꾼다.

3. NGUI ▶ Attach ▶ Collider를 선택해서 충돌체를 추가한다. 마우스를 감지 하고 드래그앤드롭 시스템에서 올바른 메시지를 받기 위해 다음 과정 을 거친다.

1. Is Trigger 옵션을 체크한다.

2. Box Collider의 Size 필드에 90, 90, 1을 입력한다.

4. Component ❯ NGUI ❯ Interaction ❯ Drag Object로 가서 UIDrag Object 컴포넌트를 추가한다.

    1. PowersContainer 하위에 있는 Bomb을 Target 필드로 연결한다.

    2. Movement는 1, 1, 0으로 설정한다.

    3. Momentum은 0으로 한다.

5. Powers 하위의 Background 게임오브젝트를 선택한다.

    1. Bomb 게임오브젝트로 드래그해서 자식으로 만든다.

    2. Depth 값을 5로 바꾼다.

    3. Dimensions에 90, 90을 입력한다.

    4. UIAnchor 컴포넌트를 제거한다.

    5. Transform에서 위치 값을 0, 0, 0으로 초기화한다.

6. Powers 하위의 AvailableLabel를 선택해서 복사한다.

    1. 이름을 Label로 바꾼다.

    2. Bomb 게임오브젝트로 드래그해서 자식으로 만든다.

    3. 텍스트를 [AAFFFF]Bomb으로 바꾼다.

    4. Depth 값에 6을 지정한다.

    5. UIAnchor 컴포넌트를 제거한다.

    6. Transform에서 위치 값을 0, 0, 0으로 초기화한다.

7. Bomb 게임오브젝트를 선택한다.

8. Component ❯ NGUI ❯ Interaction ❯ Button Color를 선택해서 UIButton Color 컴포넌트를 추가한다.

    1. Target 필드로 Bomb에 있는 Background를 드래그한다.

    2. Pressed의 색상을 R = 0, G = 255, B = 0, A = 150으로 설정한다.

9. DragItem이라는 새로운 C# 스크립트를 만들고, Bomb 게임오브젝트에 추가한다.

DragItem.cs 스크립트가 연결된, 드래그할 수 있는 폭탄 아이템을 완성했다. 이제 두 번째 아이템인 시계 아이템을 만든다.

1. PowersContainer에 있는 Bomb 게임오브젝트를 복사한다.

2. 이름을 Time으로 바꾼다.

3. Time 하위의 Label 게임오브젝트를 선택한다.

4. 텍스트를 [AAFFFF]Time으로 바꾼다.

이것으로 드래그 할 수 있는 두 개의 아이템을 만들었다. 그런데 지금은 서로가 겹쳐져 있다. 아이템을 자동으로 정렬하는 UIGrid 컴포넌트를 이용해서 이 문제를 처리한다.

1. PowersContainer 게임오브젝트를 선택한다.

2. Alt + Shift + N을 눌러서 새롭게 자식이 되는 게임오브젝트를 생성하고, 이름을 Grid로 바꾼다.

3. Component ▸ NGUI ▸ Interaction ▸ Grid를 선택해서 UIGrid 컴포넌트를 추가한다.

4. Bomb과 Time 게임오브젝트를 Grid의 자식으로 만든다.

5. Grid 게임오브젝트를 선택한다.

   1. Cell Width를 105로 설정한다.

   2. Sorted 옵션을 체크한다.

   3. 테이블의 정렬된 모습을 확인한다. UIGrid 컴포넌트에서 톱니바퀴 모양 아이콘을 클릭하고 Execute를 선택한다.

   4. Transform에서 위치 값을 −52, 0, 0으로 설정한다.

UIGrid 컴포넌트는 자동으로 자식 게임오브젝트를 정렬한다. 드래그할 수 있는 두 개의 아이템이 정렬됐다. 게임을 실행하면 아이템을 원하는 곳으로 드래그할 수 있다.

드롭 영역

DropSurface.cs 스크립트와 충돌체가 연결된 Surface 게임오브젝트를 만든다. 이 게임오브젝트는 아이템을 드롭할 수 있는 영역을 정의한다.

DragItem.cs 스크립트가 추가된 아이템을 Surface 게임오브젝트에 드롭하면, DragItem 컴포넌트가 제거destroy되고 '드롭된 버전'의 아이템 인스턴스instance가 생성instantiate돼 Surface의 자식이 된다.

우선 드롭 영역을 정의하는 Surface 게임오브젝트를 만든다.

1. Powers 하위에 있는 Background 게임오브젝트를 선택, 복사한다. 그리고 이름을 Surface로 바꾼다.
2. Surface 게임오브젝트를 선택한다.
   1. UISprite 컴포넌트의 Sprite 버튼을 클릭한 다음, Highlight 스프라이트를 선택한다.
   2. Color는 R = 0, G = 25, B = 5, A = 255로 바꾼다.
   3. Depth 값을 3으로 설정한다.

4. Dimensions을 130, 130으로 설정한다.

5. UIAnchor의 Container 필드로 SelectedLabel 게임오브젝트를 드래그한다.

6. Pixel Offset에 0, -80을 입력한다.

3. NGUI ▶ Attach ▶ Collider로 가서 충돌체를 추가한다. 이 충돌체는 드롭되
는 아이템을 감지하는 역할을 한다.

1. Is Trigger 옵션을 체크한다.

2. Box Collider의 Size 필드에 130, 130, 1을 입력한다.

4. DropSurface라는 이름의 C# 스크립트를 만들어서 추가한다.

수고했다. 드롭된 아이템을 감지하는 영역을 만들었다.

아이템 인스턴스 생성

DragItem 컴포넌트가 Surface 드롭 영역에 감지되면 드롭된 버전의 아이템
이 동적으로 생성된다. 이때 사용할 인스턴스의 원본이 될 아이템의 프리팹
Prefab을 만든다.

프리팹을 만드는 과정은 다음과 같다.

1. Grid 하위에 있는 Bomb 게임오브젝트를 선택한다.

1. 게임오브젝트를 복사한다.

2. 복사한 게임오브젝트의 이름을 SelectedBomb으로 바꾼다.

2. SelectedBomb 게임오브젝트를 선택한다.

1. Normal 색상으로 R = 0, G = 145, B = 60, A = 255를 지정한다.

2. Box Collider를 제거한다.

3. Drag Item 컴포넌트를 제거한다.

3. Power라는 이름의 C# 스크립트를 만들어 게임오브젝트에 추가한다.

4. SelectedBomb 하위의 Background를 선택한다.

1. UISprite 컴포넌트의 Sprite에서 Light 스프라이트를 선택한다.

2. Depth 값에 4를 지정한다.

3. Dimensions에 120, 120을 입력한다.

5. SelectedBomb에 있는 Label의 Depth 값을 5로 바꾼다.

6. 프리팹을 만들기 위해 SelectedBomb 게임오브젝트를 선택해서 프로젝트 뷰로 드래그한다. 원한다면 Prefabs 폴더를 만들어서, 그 안으로 드래그 한다.

7. SelectedBomb 프리팹이 생성됐으면(계층 뷰에서 파란색으로 표시된다면) 씬에서 SelectedBomb 게임오브젝트를 삭제한다.

SelectedBomb 프리팹이 준비됐다. 아이템을 드롭하면 프리팹의 인스턴스를 생성한다. DragItem.cs 스크립트에서 인스턴스 생성에 사용할 프리팹을 저장할 변수를 선언한다.

1. Grid 하위에 있는 Bomb 게임오브젝트를 선택한다.

2. 연결돼 있는 DragItem.cs 스크립트를 열고, 다음 퍼블릭 변수를 선언한다.

```
public Object CreateOnDrop;
```

3. 스크립트를 저장하고 유니티로 돌아온다.

4. Bomb 게임오브젝트를 선택한다. Drag Item 컴포넌트의 Create On Drop 필드로 프로젝트 뷰에 있는 SelectedBomb 프리팹을 드래그 한다.

Time 아이템도 같은 과정을 거쳐야 한다.

1. 프로젝트 뷰에 있는 SelectedBomb 프리팹을 선택한다.

1. Ctrl + D를 눌러 복사한다.

2. 이름을 SelectedTime으로 바꾼다.

2. SelectedTime 프리팹 하위에 있는 Label을 선택하고, 텍스트를 [AAFFFF] Time으로 바꾼다.

3. 계층 뷰에 있는 Grid 하위의 Time 게임오브젝트를 선택한다.

4. Drag Item 컴포넌트의 Create On Drop 필드로 프로젝트 뷰에 있는 SelectedTime 프리팹을 드래그 한다.

이제 DropSurface.cs 스크립트에 `OnDrop()` 함수를 작성해서 드롭된 아이템을 처리하게 한다.

1. Powers 하위에 있는 Surface 게임오브젝트를 선택한다.

2. 연결돼 있는 DropSurface.cs 스크립트를 연다.

`OnDrop()` 이벤트는 GameObject 타입의 dropped라는 인자를 사용한다. 다음 코드를 추가해서 드롭된 아이템을 처리하게 한다.

```
// DropSurface에 Object가 드롭되면 호출된다.
public void OnDrop(GameObject dropped)
{
    // 드롭된 오브젝트에서 DragItem을 찾는다.
    DragItem dragItem = dropped.GetComponent<DragItem>();
    // DragItem이 없다면 더 이상 진행할 필요가 없다.
    if(dragItem == null) return;
    // CreateOnDrop에 저장된 프리팹의 인스턴스를 생성한다.
    GameObject newPower = NGUITools.AddChild(this.gameObject,
        dragItem.CreateOnDrop as GameObject);
    // 드롭한 아이템은 삭제한다.
    Destroy(dropped);
}
```

스크립트를 저장하고 게임을 실행한다. 아이템을 Surface 게임오브젝트로 드롭한다. 그런데 아무 일도 일어나지 않는다. 왜일까?

OnDrop() 이벤트는 카메라의 레이캐스트에 의해 작동한다. 그런데 드롭하는 순간 아이템에 있는 박스 충돌체가 마우스 커서와 Surface 게임오브젝트 사이를 가로막기 때문이다.

따라서 드래그하는 동안 아이템에 있는 충돌체를 비활성화 시켜야 한다.

1. Grid 하위에 있는 Bomb 게임오브젝트를 선택한다.

2. 연결돼 있는 DragItem.cs 스크립트를 연다.

OnPress() 이벤트를 이용해서 이 문제를 해결한다. OnPress() 이벤트는 버튼이 눌린 상태pressed를 인자로 사용한다.

```
// 아이템이 클릭됐을 때(pressed) 또는 클릭을 해제했을 때(released) 호출된다.
void OnPress(bool pressed)
{
    // 충돌체의 활성화 여부를 바꾼다.
    collider.enabled = !pressed;
}
```

스크립트를 저장하고 게임을 실행한다. 이제 드롭 영역에 아이템을 드롭할 수 있다.

드롭 예외 처리

사용자가 드롭 영역 밖에 아이템을 드롭할 경우, 아이템이 다시 원래 위치로 복귀해야 한다.

이 문제를 해결하기 위해서는 OnPress(false) 이벤트가 발생한 시점, 즉 마우스 버튼을 놓는 시점에서 카메라 레이캐스트의 마지막 지점을 확인해야 한다. DragItem.cs 스크립트의 collider.enabled =! pressed; 행 뒤에 다음 코드를 추가한다.

```
// 아이템을 드롭할 때
if(!pressed)
{
    // 레이캐스트가 찾은 마지막 충돌체를 확인한다.
    Collider col = UICamera.lastHit.collider;
    // 충돌체가 없거나, 드롭 영역이 아니라면
    if(col == null || col.GetComponent<DropSurface>() == null)
    {
        // 부모에 있는 UIGrid를 찾는다.
        UIGrid grid = NGUITools.FindInParents<UIGrid>(gameObject);
        // UIGrid를 찾았으면 재정렬을 실행한다.
        if(grid != null) grid.Reposition();
    }
}
```

스크립트를 저장하고 게임을 실행한다. 드롭 영역, 즉 Surface 게임오브젝트 밖에 아이템을 드롭하면 아이템이 자동적으로 원위치로 복귀한다.

그러나 아직 사소한 문제가 남아있다. 드롭 영역에 아이템 두 개를 모두 드롭할 수 있지만, 그 다음에는 할 수 있는 일이 아무것도 없다. 이 문제에 대한 해결 방법을 찾아본다.

선택된 아이템 교체

드롭 영역에는 하나의 아이템만 있어야 한다. 드롭 영역, 즉 Surface 게임오브젝트에 아이템이 선택된 상태에서 다른 아이템을 드롭할 경우가 있다. 이때 드롭 영역의 아이템은 새로운 아이템으로 교체되고, 교체된 아이템은 아이템 상자, 즉 PowersContainer 게임오브젝트로 돌아와야 한다.

우선 현재 드롭 영역에 선택된 아이템이 무엇인지 알아야 한다. 또한 아이템 상자로 교체된 아이템이 돌아올 때, 어떤 아이템의 인스턴스를 생성할지 알아야 한다.

1. 프로젝트 뷰에서 SelectedBomb 프리팹을 선택한다.

2. 연결돼 있는 Power.cs 스크립트를 연다.

이 스크립트를 이용해서 드롭된 아이템에 대한 정보를 저장한다. 우선 아이템 종류를 구별하기 위해 새로운 열거형을 정의한다. 그 다음 교체된 아이템이 아이템 상자에 재배치 될 때 원본으로 사용할 프리팹을 저장할 변수를 선언한다.

```
// 아이템 유형을 정의할 열거형을 정의한다.
public enum Type
{
    None,
    Time,
    Bomb
}
// 인스펙터에서 아이템 유형을 선택할 수 있게 열거형 변수를 선언한다.
public Type type;
// 아이템 박스에 재생성할 아이템을 저장할 변수를 선언한다.
public Object createOnDestroy;
```

이제 유니티로 돌아간다. createOnDestroy 변수에 지정할 Bomb과 Time 아이템의 프리팹을 만든다.

1. 계층 뷰에서 Powers 하위에 있는 Bomb 게임오브젝트를 프로젝트 뷰로 드래그한다. 앞서 별도의 폴더를 만들었다면 그 폴더로 드래그한다.

2. 프로젝트 뷰에서 SelectedBomb 프리팹을 선택한다.
   1. Power 컴포넌트의 Type 필드에서 Bomb를 선택한다.
   2. Create On Destroy 필드로 프로젝트 뷰의 Bomb 프리팹을 드래그한다.

SelectedBomb의 Type 파라미터에 Bomb 프리팹을 지정했다. 선택한 아이템이 교체돼서 아이템 상자로 기존 아이템이 돌아올 때, 이 프리팹의 인스턴스를 만들어 사용하게 된다.

현재 선택된 아이템을 저장하는 코드를 작성할 차례다. GameManager.cs 스크립트를 이용한다.

1. GameManager.cs를 열고 새로운 정적 변수를 선언한다.

```
// 이 정적 변수는 현재 선택된 아이템을 저장한다.
public static Power.Type SelectedPower = Power.Type.None;
```

2. 다른 스크립트에서 선택된 아이템 정보를 설정할 수 있도록 정적 함수를 선언한다.

```
// 이 정적 함수는 현재 선택된 아이템, 즉 SelectedPower의 값을 지정한다.
public static void SetPower(Power.Type newPower)
{
    SelectedPower = newPower;
}
```

현재 선택된 아이템의 정보를 저장하는 함수를 작성했다. 이제 DropSurface.cs 스크립트를 수정할 차례다.

1. Powers 하위에 있는 Surface 게임오브젝트를 선택하고, 연결된 DropSurface.cs 스크립트를 연다.

2. Grid 게임오브젝트를 저장할 변수를 선언한다.

```
public GameObject dragItemsContainer;
```

3. 스크립트를 저장하고, 계층 뷰에서 Powers 하위에 있는 Surface 게임오브젝트를 선택한다. DropSurface 컴포넌트에 있는 Drag Items Container 필드로 PowersContainer 하위에 있는 Grid 게임오브젝트를 연결한다.

다시 DropSurface.cs 스크립트로 돌아간다. 사용자가 드롭 영역에 두 개의 아이템을 드롭할 수 없게 하는 코드를 추가한다. 선택된 아이템이 있는 상태에서 다른 아이템을 드롭하면, 기존 아이템이 교체되면서 처음의 아이템 상태로 아이템 상자에서 재생성된다. OnDrop() 함수의 if(dragItem == null) return 행 밑에 다음 코드를 추가한다.

```
RecreateDragItem();
```

이제 RecreateDragItem() 함수를 작성한다.

```
void RecreateDragItem()
{
    // 이미 선택된 아이템이 있으면
    if(GameManager.SelectedPower != Power.Type.None)
    {
        // 선택된 아이템의 Power.cs 스트립트를 찾는다.
        Power selectedPowerScript =
            transform.GetChild(0).GetComponent<Power>();
        // 아이템을 본래 모습으로 아이템 상자의 Grid에서 재생성 한다.
        NGUITools.AddChild(dragItemsContainer,
            selectedPowerScript.createOnDestroy as GameObject);
        // 드롭 영역에서 교체된 아이템을 삭제한다.
        Destroy(selectedPowerScript.gameObject);
    }
}
```

이제 GameManager.cs 스크립트에 선택된 아이템이 교체됐음을 알려줘야 한다. 앞서 작성한 SetPower() 함수를 호출한다.

OnDrop() 함수의 Destroy(dropped); 행 밑에 다음 코드를 추가한다.

```
//GameManager에서 새로 선택한 아이템을 지정한다.
GameManager.SetPower(newPower.GetComponent<Power>().type);
```

스크립트를 저장하고 게임을 실행한다. 드롭 영역에 아이템을 드롭하고, 그 위로 다른 아이템을 드롭한다. 첫 아이템이 교체되면서, 아이템 상자로 돌아온다.

그러나 안타깝게도 선택된 아이템을 그냥 제거하는 기능은 아직 없다. 다음 부분에서는 이 문제를 해결한다.

선택된 아이템 제거

드롭 영역에 있는 아이템을 클릭해서 제거하는 기능을 만들어야 한다. DropSurface.cs 스크립트에 OnClick() 함수를 추가한다. 이 함수는 사용자가 드롭 영역을 클릭했을 때 호출된다.

```
void OnClick()
{
    // 아이템을 아이템 상자에서 재생성한다.
    RecreateDragItem();
    // 선택한 아이템이 없는 상태로 초기화한다.
    GameManager.SetPower(Power.Type.None);
    // UIGrid를 찾아서 재정렬한다.
    dragItemsContainer.GetComponent<UIGrid>().Reposition();
}
```

게임을 실행한다. 이제 선택한 아이템을 클릭하면 드롭 영역에서 아이템을 제거할 수 있다.

NGUI 애니메이션

NGUI의 뛰어난 장점 중 하나는 모든 위젯에 유니티 애니메이션 시스템을 사용할 수 있다는 점이다. 뿐만 아니라 NGUI가 제공하는 트윈 컴포넌트를 통해 특정 시간 동안 크기나 색상 등의 값을 바꿀 수 있다. 예를 들어, 5초에 걸쳐 특정 오브젝트의 색상을 빨간색에서 파란색으로 변하게 연출할 수 있다.

지금까지 멋진 메인 메뉴를 만들었다. 그러나 메뉴의 모든 옵션이 항상 노출된 상태다. 사용자 친화적인 모습이라고 말하긴 힘들다.

애니메이션과 트윈 시스템을 이용해서 메인 메뉴의 옵션을 감추고, 사용자가 옵션 버튼을 클릭했을 때 옵션을 보이게 만든다. 옵션이 감춰진 상태의 메인 메뉴는 다음과 같은 모습이 된다.

우선 아이템이 부드럽게 나타나는 효과부터 만들어 보자.

아이템 등장 효과

Tween Scale 컴포넌트를 추가해서 아이템이 부드럽게 등장하는 효과를 만든다.

1. 프로젝트 뷰에서 SelectedBomb 프리팹을 선택한다.
2. Component ﹥ NGUI ﹥ Tween ﹥ Scale Tween을 선택해서 Tween Scale 컴포넌트를 추가한다.
   1. From 파라미터에 0, 0, 0을 입력한다.
   2. Duration에 0.2를 입력한다.

3. Tween Scale 컴포넌트의 이름 부분을 오른쪽 마우스 버튼으로 클릭하고, Copy Component를 선택해서 컴포넌트를 복사한다.

4. 프로젝트 뷰에서 SelectedTime, Bomb, Time 프리팹을 선택한다.

5. 인스펙터에서 아무 컴포넌트나 이름 부분을 오른쪽 마우스 버튼으로 클릭하고 Paste Component As New를 선택한다.

여기서 설정한 Tween Scale 컴포넌트를 추가한 위젯은 처음 생성될 때, 크기 값이 0.2초에 걸쳐 0에서 1로 커진다. 좀 더 부드럽게 나타나는 효과에 사용할 수 있다.

이제 옵션 버튼을 이용해서 옵션을 보이고 감추는 기능을 추가한다.

패널 클리핑

우선 옵션 상자를 감춰야 한다. 여기서는 UIPanel의 Clipping을 이용해서 창의 일부를 감추고 보여주게 만든다.

1. MainMenu 하위의 Window 게임오브젝트를 선택하고, Dimensions를 515, 850으로 바꾼다.

2. MainMenu 게임오브젝트를 선택한다.
    1. UIPanel 컴포넌트에서 Depth 값을 −1로 설정한다.
    2. Alt + Shift + N을 눌러서 새로운 게임오브젝트를 자식으로 생성한다.
    3. 새로운 게임오브젝트의 이름을 Container로 바꾼다.

3. Container 게임오브젝트를 선택한다.

4. Component ▶ NGUI ▶ UI ▶ NGUI Panel을 선택해서 UIPanel 컴포넌트를 추가한다.
    1. Depth 값에 0을 입력한다.
    2. Clipping 파라미터를 Alpha Clip으로 설정한다.

3. Clipping의 Size 파라미터에 515, 1080을 입력한다.

5. 계층 뷰에서 게임오브젝트 이름 앞에 있는 삼각형 아이콘을 클릭해서 MainMenu 게임오브젝트 자식의 하위 계층을 모두 접는다.

6. Container를 제외한 MainMenu 게임오브젝트의 모든 자식을 선택해서 Container 게임오브젝트로 드래그한다.

이제 더 이상 다른 옵션이 보이지 않는다. 계층 뷰는 다음과 같은 모습을 한다.

옵션 버튼을 추가해서 감춰진 옵션을 드러내는 기능을 추가한다.

1. Buttons 하위에 있는 Play 게임오브젝트를 복사하고, 이름을 Options로 바꾼다.

2. Options 게임오브젝트를 선택한다.

   1. UIAnchor의 Side 파라미터를 Bottom으로 바꾼다.

   2. UIAnchor의 Pixel Offset을 0, 0으로 초기화한다.

   3. Box Collider의 Size에 140, 40, 0을 입력한다.

   4. Load Level On Click 컴포넌트를 제거한다.

3. Options 하위의 Background 게임오브젝트를 선택한다. Dimensions에 140, 40을 입력한다.

4. Options 하위의 Label 게임오브젝트를 선택한다.

1. 텍스트를 Options로 바꾼다.

2. Overflow 파라미터를 Shrink Content로 설정한다.

3. Dimensions 90, 25를 입력한다.

옵션 버튼을 만들었다. 이 버튼을 클릭하면 Window의 크기가 커지고, 동시에 Container의 클리핑 영역이 늘어나게 만든다. 코드를 통해서도 할 수 있지만, 여기서는 트윈과 애니메이션을 사용해 처리한다.

1. Container 하위에 있는 Window 게임오브젝트를 선택한다.

2. Component ▶ NGUI ▶ Tween ▶ Tween Width를 선택한다.

   1. From 파라미터에 515를 입력한다.

   2. To 파라미터에 1300를 입력한다.

   3. Duration에 0.5를 입력한다.

   4. Dimensions를 515, 850으로 바꾼다.

   5. 처음부터 자동으로 트윈이 시작되는 것을 방지하기 위해 Tween Width 컴포넌트를 비활성화한다.

Window 게임오브젝트의 폭을 변화시킬 트윈 컴포넌트를 추가했다. 이제 UIPlay Tween 컴포넌트를 추가해서 옵션 버튼을 클릭했을 때 트윈 컴포넌트를 실행하게 만든다.

1. Options 게임오브젝트를 선택한다.

2. Component ▶ NGUI ▶ Interaction ▶ Play Tween을 선택해서 UIPlay Tween 컴포넌트를 추가한다.

   1. UIPlay Tween 컴포넌트의 Tween Target 필드로 Window 게임오브젝트를 드래그한다.

   2. Play direction 파라미터를 Toggle로 설정한다.

게임을 실행하고 옵션 버튼을 클릭한다. 씬 뷰를 통해서 Windows 게임오브젝트의 폭이 커지고 작아지는 것을 확인할 수 있다. 그러나 Container 게임오브젝트의 UIPanel의 Clipping이 변하지 않기 때문에 실제로 창이 커지는 모습을 볼 수 없다. 유니티 애니메이션 시스템을 사용해서 이 문제를 해결한다.

1. MainMenu 하위의 Container 게임오브젝트를 선택한다.

2. 상단 메뉴에서 Window ＞ Animation을 선택해 Animation 창을 연다.

3. 빨간색 녹화 버튼을 누른다.

4. 대화창이 뜨면 ShowOptions.anim이란 이름으로 애니메이션을 저장한다.

    1. UIPanel 컴포넌트의 Clipping으로 간다. 확실하게 키를 추가하기 위해 X 필드의 값을 지우고, 515를 다시 입력한다.

    2. 애니메이션 창에서 시간을 표시하는 붉은 줄을 0:30으로 옮긴다.

    3. 키를 추가하기 위해 X 필드에 1300을 입력한다.

    4. 빨간색 녹화 버튼을 눌러 애니메이션 작업을 마친다.

    5. 프로젝트 뷰에서 ShowOptions.anim 파일을 선택한다. 인스펙터로 가서 Loop Time 옵션을 해제한다.

애니메이션이 준비됐다. 이제 옵션 버튼과 유니티 애니메이션을 연결한다.

1. Buttons 하위의 Options 게임오브젝트를 선택한다.

2. Component ❯ NGUI ❯ Interaction ❯ Play Animation을 선택해서 UIPlay Animation 컴포넌트를 추가한다.

    1. MainMenu 하위의 Container 게임오브젝트를 Animator 필드로 드래그한다.

    2. Play direction 파라미터를 Toggle로 설정한다.

게임을 실행하고 옵션 버튼을 클릭한다. 이제 옵션 버튼을 클릭하면 Window 의 폭과 함께 Container의 클리핑 영역도 좌우로 함께 커지거나 작아진다. 그런데 한 가지 문제가 보인다. 창의 크기는 변하지만, MainMenu ❯ Container ❯ Background의 Honeycomb 스프라이트와 MainMenu ❯Container ❯ Title ❯ Background의 Highlight 스프라이트가 본래 크기대로 남아 있다. UIStretch 컴포넌트에 있는 Run Only Once 옵션을 사용하기 때문이다. 이 옵션을 해제하면 런타임에서 Container의 크기 변화에 따라 동적으로 크기를 갱신하게 만들 수 있다.

1. 계층 뷰에서 MainMenu ❯ Container ❯ Background 게임 오브젝트를 선택한다. UIStretch 컴포넌트로 가서 Run Only Once 옵션을 해체한다.

2. 계층 뷰에서 MainMenu ❯ Container ❯ Title ❯ Background 게임 오브젝트를 선택한다. UIStretch 컴포넌트로 가서 Run Only Once 옵션을 해체한다.

그런데 또 다른 문제가 있다. 창의 크기가 변했음에도 옵션과 관련된 위젯들이 여전히 보이지 않는다. 메인 메뉴를 이리저리 드래그해야 옵션 위젯들이 나타난다. 애니메이션이 끝난 후에 클리핑 영역이 제대로 갱신되지 않았기 때문에 발생하는 문제다.

1. 이 문제를 해결하기 위해 애니메이션이 끝난 후에 강제로 창을 드래그하는 해결 방법을 사용한다.

2. MainMenu 게임오브젝트를 선택한다.

   1. UpdatePanel.cs라는 스크립트를 생성하고, MainMenu 게임오브젝트
      에 추가한다.

   2. UpdatePanel.cs 스크립트를 연다.

3. 0, 0, 0 만큼 강제로 패널을 드래그하는 UpdateNow() 라는 함수를 작성한다.

```
public void UpdateNow()
{
    // 패널을 갱신하기 위해 0, 0, 0 만큼 패널을 드래그 한다.
    GetComponent< UIScrollView >().MoveRelative(Vector3.zero);[1]
}
```

4. 스크립트를 저장한다.

   1. Buttons 하위에 있는 Option 게임오브젝트를 선택한다.

   2. UIPlay Animation 컴포넌트의 Notify 필드로 MainMenu 게임오브젝트를
      드래그한다.

   3. Method 필드에서 UpdatePanel.UpdateNow를 선택한다.

---

1 3.0.6에서 UIDraggablePanel클래스가 UIScrollView로 변경됐다. 역서에서는 변경된 클래스를 반영해서 내용을 수
  정했지만, 원서가 제공하는 스크립트 파일은 UIDraggablePanel를 사용하고 있다. 내려받은 스크립트를 사용한다면
  UIDraggablePanel을 UIScrollView로 변경해야 한다. – 옮긴이

5. 게임을 실행한다. 애니메이션이 끝나면 옵션 위젯들이 모두 제대로 표시된다.[2]

NGUI의 트윈 시스템과 유니티 애니메이션 시스템을 이용해서 UI 경험을 강화했고, 더 멋지고 사용자 친화적인 UI를 만들었다.

스크롤 텍스트

사용자를 위해 간단한 환영 인사와 게임 설명을 담은 텍스트 상자를 추가한

---

2 저자가 제안한 해결 방법, 즉 애니메이션이 끝난 후에 패널을 이동시키는 함수를 호출해서 위젯의 클리핑을 갱신하는 방법이 제대로 작동하지 않을 수 있다. 다른 해결 방법은 Tween을 이용해서 다음과 같이 위젯들의 클리핑 정보를 강제로 갱신하는 것이다. - 옮긴이

- Difficulty, Sound, Volume 게임오브젝트에 NGUI ﹥ Tween ﹥ Position을 이용해서 각각 TweenPosition 컴포넌트를 추가한다.

- 각 TweenPosition의 To 필드에 0.01, 0, 0 값을 입력한다. 0.01을 사용한 이유는 실제로 보이지 않을 정도로 이동하게 하면서 클리핑 정보를 계속 업데이트하기 위해서다.

- Buttons 하위에 있는 Options 게임오브젝트로 가서 세 개의 UIPlay Tween 컴포넌트를 추가한다(Component ﹥ NGUI ﹥ Interaction ﹥ Play Tween).

- UIPlay Tween의 Tween Target 필드로 각각 Difficulty, Sound, Volume 게임오브젝트를 연결한다. Trigger Condition 은 On Click, Direction은 Toggle로 한다.

다. 이 텍스트는 마우스 휠이나 클릭앤드래그click-and-drag로 스크롤할 수 있다. 다음 그림과 같은 모습이 될 것이다.

```
You can Select one of two Powers:
Bomb: Explodes all enemies at once
Time: Reduces Time speed for 10 seconds
```

우선 자동으로 스크롤되는 텍스트부터 만든다.

1. Nickname 게임오브젝트를 선택해서 Ctrl + D를 눌러 복사한다.

2. 복사한 게임오브젝트의 이름을 Help로 바꾼다.

3. Help 게임오브젝트를 선택한다.

   1. UIAnchor의 Container 필드로 Title 게임오브젝트를 드래그한다.

   2. Side 파라미터를 Bottom으로 설정한다.

   3. Pixel Offset에는 0, −50을 입력한다.

4. Component ▶ NGUI ▶ UI ▶ NGUI Panel을 선택해서 UIPanel 컴포넌트를 추가한다.

   1. Depth 값으로 1을 지정한다.

   2. Clipping 파라미터를 Alpha Clip으로 바꾼다.

   3. Clipping Size에는 440, 85를 입력한다.

5. NGUI ▶ Attach ▶ Collider를 통해 Box Collider를 추가한다. Size는 440, 85, 0으로 한다.

6. Help 하위의 Input 게임오브젝트를 삭제한다.

7. Help 하위의 Label 게임오브젝트를 선택한다.

   1. Font를 SciFi Font - Normal로 바꾼다.

   2. UIAnchor 컴포넌트를 삭제한다.

   3. UILabel 컴포넌트의 텍스트를 다음 내용으로 바꾼다.

```
Welcome!
[HIT RETURN KEY]
[HIT RETURN KEY]
You can Select one of two [AAFFFF]Powers[FFFFFF]:
[AAFFAA]Bomb[FFFFFF]: Explodes all enemies at once
[AAFFAA]Time[FFFFFF]: Reduces Time speed for 10 seconds
```

8. NGUI ❯ Tween ❯ Position으로 Tween Position 컴포넌트를 추가한다.

   1. From 파라미터에 0, -50, 0을 입력한다.

   2. To 파라미터에 0, 20, 0을 입력한다.

   3. Duration은 1.5로 설정한다.

   4. Start Delay는 3으로 설정한다.

9. Label 게임오브젝트 Transform의 위치 값을 0, -50, 0으로 바꾼다.

10. Help에 있는 Background 게임오브젝트를 선택한다.

   1. Dimensions을 440, 85로 바꾼다.

   2. Color는 R = 150, G = 255, B = 255, A = 255로 설정한다.

게임을 실행한다. 환영 인사를 담은 텍스트가 자동으로 스크롤되면서 올라간
다. 클리핑이 적용된 패널에서 텍스트를 Y축 방향으로 이동해서 얻은 결과다.
이제 마우스 휠과 마우스 드래그로 스크롤할 수 있는 텍스트를 만든다.

   1. Help 게임오브젝트를 선택한다.

   2. Component ❯ NGUI ❯ Interaction ❯ Drag Object를 선택해서 UIDrag Object 컴
      포넌트를 추가한다.

      1. Help에 있는 Label 게임오브젝트를 Target 필드로 드래그한다.

      2. 수직으로만 스크롤 할 수 있게 Movement를 0, 1, 0으로 제한한다.

      3. Scroll Wheel을 0, 1, 0으로 설정한다.

      4. Keep Visible 옵션을 체크한다.

게임을 실행한다. 레이블을 마우스 클릭이나 마우스 휠로 드래그할 수 있다.

Help 게임오브젝트에 있는 Box Collider 컴포넌트가 마우스 이벤트를 감지한다. 그리고 UIDrag Object 컴포넌트는 그에 맞게 Label을 Y축을 따라 움직인다.

클리핑 영역을 사용해서 레이블을 제한하기 위해 UIPanel 컴포넌트를 Help 게임오브젝트에 추가했다.

지역화 시스템

메인 메뉴 UI가 완성돼 가고 있다. 이번에는 지역화 시스템을 설정하고, 팝업 리스트에서 UI에 사용할 언어를 바꾸는 기능을 구현한다.

지역화 파일

지역화 시스템에 사용하는 텍스트 파일은 각 언어별로 txt 파일에 저장한다. 이 책에서는 영어와 불어를 사용한다. 따라서 English.txt와 French.txt 파일이 필요하다.

1. 파일 탐색기를 통해 프로젝트 안의 Assets 폴더로 간다. 그 곳에 새로운 폴더를 생성하고, 이름을 Localization으로 바꾼다.
2. Localization 폴더 안에 새로운 txt 파일을 생성하고 이름을 English로 바꾼다.
3. English.txt 파일을 복사해서 French.txt 파일을 만든다.
4. 두 파일 모두를 선호하는 문서 편집기에서 연다.

지역화 시스템에 사용할 지역화 파일이 준비됐다.

지역화 컴포넌트

앞서 만든 UI에 지역화 시스템을 적용할 수 있도록 설정한다. 우선은 씬에 있는 게임오브젝트에 지역화 컴포넌트가 연결돼 있어야 한다.

1. GameManager 게임오브젝트를 선택하고, Component ﹥ NGUI ﹥ Internal ﹥ Localization으로 가서 Localization 컴포넌트를 추가한다.

2. 프로젝트 뷰에서 Localization 폴더로 간다. 그곳에 있는 English.txt와 French.txt 파일을 Language 배열에 등록한다.

언어 선택 상자

언어 선택 상자를 만든다.

작업에 제대로 진행하기 위해서는 잠시 Container 게임오브젝트의 클리핑을 꺼야 한다. Container를 선택한 다음, UIPanel 컴포넌트에서 Clipping 파라미터를 None으로 바꾼다.

1. Difficulty 하위의 Popup 게임오브젝트를 선택한다.

116

1. UIPopup List 컴포넌트에 있는 Localized 옵션을 체크한다.

2. Popup 하위의 Label 게임오브젝트로 가서 텍스트를 Current Difficulty 로 바꾼다.

2. Container 하위에 있는 Difficulty 게임오브젝트를 복사한다.

3. 복사한 게임오브젝트의 이름을 Language로 바꾼다.

4. Language 하위의 Background 게임오브젝트를 선택하고, UIAnchor 컴포넌트의 Pixel Offset을 420, −90으로 바꾼다.

> 간혹 UIAnchor가 제대로 갱신되지 않는 경우가 발생한다. Language 게임오브젝트에 있는 Label의 UIAnchor가 올바로 작동하기 위해서 Language 게임오브젝트를 비활성화했다가 다시 활성화하는 과정이 필요할 수도 있다.

5. Language 하위의 Label 게임오브젝트를 선택하고 텍스트를 [AAFFFF] Language로 바꾼다.

6. Language 하위의 Popup 게임오브젝트를 선택한다.

1. Options에 있는 텍스트를 다음과 같이 바꾼다.

English
French

2. Position은 Below로 설정한다.

3. Localized 옵션을 체크한다.

7. Popup 게임오브젝트를 선택한 상태에서 Component ▶ NGUI ▶ Interaction 으로 가서 Language Selection을 선택한다. Language Selection 컴포넌트가 추가된다.

8. Popup 하위에 있는 Label을 찾아서 텍스트를 CurrentLanguage로 바꾼다.

Container 게임오브젝트에 있는 UIPanel의 Clipping을 다시 Alpha Clip으로 되돌

린다.[3] Clipping의 Size는 종전의 값을 저장하고 있을 것이다.

기본적인 지역화 시스템을 적용했다. 팝업 리스트의 값이 바뀌면 Language Selection 컴포넌트가 알아서 지역화 시스템의 현재 언어를 교체한다.

레이블 지역화

UILocalize 컴포넌트와 txt 파일에서 읽어올 문자열을 정의하는 Key를 이용해서 레이블을 지역화한다.

1. Title 하위에 있는 Label 게임오브젝트를 선택한다.

2. Component ▶ NGUI ▶ UI ▶ Localize를 선택해서 UILocalize 컴포넌트를 추가한다.

3. Key 파라미터에 MainMenu라고 입력한다.

4. English.txt 파일로 가서 다음과 같이 입력한다.

   ```
   MainMenu = [AAFFFF]Main Menu
   ```

5. French.txt 파일로 가서 다음과 같이 입력한다.

   ```
   MainMenu = [AAFFFF]Menu Principal
   ```

txt 파일을 모두 저장하고 게임을 실행한다. 옵션으로 가서 언어를 French로 바꾼다. 메뉴 타이틀에 있는 Main Menu 레이블이 Menu Principal로 바뀐다. UILocalize 컴포넌트가 같은 게임오브젝트에 있는 UILabel 컴포넌트의 텍스트를 변경했기 때문이다. 이때 txt 파일에서 = 뒤에 있는 문자열을 사용한다. 한편 게임 실행을 멈춰도, 마지막으로 선택한 언어를 저장한다. 따라서 다음 게임을 실행 했을 때, 이전에 선택했던 언어로 시작하게 된다.

---

3 앞서 Tween을 이용해서 위젯들의 클리핑 정보를 갱신하는 방법을 사용했다면, 새롭게 생성된 Language 게임오브젝트에도 같은 절차를 반복한다. - 옮긴이

씬에 있는 모든 레이블에 UILocalize 컴포넌트를 추가하고 Key를 설정한다. 그다음 각 txt 파일에 지역화에 따른 문자열을 추가한다.

걱정할 필요는 없다. 그렇게 오래 걸리는 작업은 아니다. 지역화 시스템에 대한 좋은 훈련이 될 것이다.

1. 계층 뷰의 검색 상자에 Label을 입력한다.

2. Ctrl + A를 눌러 검색 결과에 나온 모든 Label 게임오브젝트를 선택하고, Component ➤ NGUI ➤ UI ➤ Localize를 선택해서 UILocalize 컴포넌트를 추가한다.

3. Title 하위에 있는 Label 게임오브젝트를 찾는다. 앞서 UILocalize를 추가했기 때문에 두 번째 추가한 UILocalize 컴포넌트를 제거한다.

모든 Label 게임오브젝트에 UILocalize 컴포넌트가 추가됐다. 하나씩 선택해서 UILabel 컴포넌트의 텍스트 내용에 따라서 적절한 Key 파라미터를 입력한다.

UIPopup List 컴포넌트의 Options에는 따로 UILocalize를 추가할 필요가 없다. 이미 Localized 옵션을 체크했기 때문이다. Options에 사용한 Normal, Hard, English, French를 Key로 생각하고, 그에 해당하는 지역화 문자열만 지정하면 된다.

 앞서 제작한 네 개의 아이템 관련 프리팹(Time, Bomb, SelectedTime, SelectedBomb)에도 동일한 지역화 처리를 해줘야 한다. 지역화 파일에서 줄바꿈은 ₩n으로 표시하고, 색상은 레이블에서 사용하던 방식과 동일하다.

Key 설정이 모두 끝났으면, English.txt 파일로 간다. Key를 모두 입력한다. 각 Key 뒤에 = 를 붙이고, 그 뒤에 지역화에 사용할 문자열을 입력한다.

English.txt의 내용을 복사해서 French.txt 파일에 붙여 넣는다. 그 다음 =

뒤에 영어 단어를 그에 상응하는 프랑스어 단어로 바꾼다.[4]

이 작업이 끝나면 전체 UI의 지역화 작업이 완료된다.

요약

3장에서는 먼저 드래그할 수 있는 패널을 만들었다. 그 다음 UIDrag Object 컴포넌트와 직접 작성한 코드를 이용해서 아이템을 선택할 수 있는 드래그앤드롭 시스템을 구현했다.

UIGrid 컴포넌트가 오브젝트를 정렬할 때 유용하다는 사실을 기억한다. UIAnchor와 UIStretch 컴포넌트와 함께 사용하면 매우 강력한 위력을 발휘한다.

유니티 애니메이션과 NGUI 트윈 시스템은 더 이상 비밀스런 주제가 아니다. 둘 모두를 이용해서 아이템의 자연스러운 등장 효과를 연출했다. 또한 클리핑을 제어해서 메뉴 창을 숨기고 보여주는 효과도 구현했다.

마지막으로 스크롤 가능한 텍스트의 구현과 여러 언어를 지원하기 위한 지역화 시스템의 사용법을 익혔다.

4장, 'NGUI와 C#'에서는 NGUI에서 코드를 통해 무엇을 할 수 있는지 살펴본다.

---

4 첨부 파일에 완성된 English.txt 파일과 French.txt 파일이 있다. – 옮긴이

4
NGUI와 C#

4장에서는 NGUI에서 C# 스크립팅의 활용에 대해 살펴본다. 그리고 이벤트를 처리하고 이벤트와 상호작용하는 방법을 익힌다. 구체적으로 다룰 항목은 다음과 같다.

- 애니메이션과 트윈의 재생
- 코드를 통한 지역화
- 키보드 입력
- 알림 메시지와 툴팁

그 밖에도 이벤트 전달이나 메시지 보내기 같은, NGUI의 일부 코드 중심 컴포넌트를 살펴본다.

이벤트 함수

NGUI와 C#을 사용하면 자주 쓰게 되는 몇몇 함수가 있다. 주로 오브젝트가 현재 어떤 상태인지, 즉 호버hover, 클릭, 눌림 등의 상태를 확인하는 함수들 이다.

충돌체가 달린 게임오브젝트에 스크립트를 추가하면(예를 들어 버튼이나 3D 오브 젝트), 그 스크립트에서 다음에 설명하는 함수를 통해 손쉽게 이벤트를 확인 하고 처리할 수 있다.

- OnHover(bool state): 오브젝트가 호버 상태에 접어들거나 벗어날 때 호출된다. 불리언 타입의 인자는 호버 상태를 알려준다. state가 참true 이면 마우스 커서가 막 오브젝트의 충돌체로 들어섰다는 얘기다. 반대 로 거짓false이면 커서가 막 충돌체의 영역을 벗어났다는 것을 의미한 다.

- OnPress(bool state): 오브젝트에 마우스 버튼을 누른 상태에서 호출 된다는 점을 제외하면 OnHover()와 동일하게 작동한다. 터치 또는 마 우스 클릭에 반응한다. 어떤 마우스 버튼으로 오브젝트를 눌렀는지 알 고 싶으면 UICamera.currentTouchID 변수를 활용한다. 정수int 타입인 이 변수가 반환하는 값이 -1이면 왼쪽 버튼, -2면 오른쪽 버튼, -3이 면 중간 버튼이다.

- OnClick(): 클릭이 유효할 때만 호출된다는 점을 제외하면 OnPress() 와 유사하다. 일단 OnPress(true) 이벤트가 발생하고, OnPress(false) 가 뒤따르며, 클릭이 유효할 경우에 OnClick()이 호출된다. 터치 또는 마우스 클릭에 반응한다.

동일한 방식으로 작동하는, 더블 클릭 이벤트를 감지하는 OnDoubleClick() 함수도 있다.

- OnDrag(Vector2 delta): OnPress(true)와 OnPress(false)의 사이에 마우스 또는 터치가 움직일 경우 매 프레임 호출된다. Vector2 타입의 delta 인자를 통해서 마지막 프레임 이후의 마우스나 터치의 움직임에 대한 정보를 얻을 수 있다.

- OnDrop(GameObject droppedObj): 이 함수가 있는 스크립트가 연결된 게임오브젝트에 어떤 오브젝트가 드롭됐을 때 호출된다. droppedObj 인자를 통해서 드롭된 게임오브젝트가 전달된다.

- OnSelect(): 사용자가 오브젝트를 클릭했을 때 호출된다. 다른 오브젝트를 클릭하거나, 아니면 선택이 해제되기(대상이 없는 곳을 클릭하는 경우) 전까지는 다시 호출되지 않는다.[1]

- OnInput(string text): 오브젝트가 선택된 상태에서 사용자가 텍스트를 입력할 때 호출된다. text 인자는 입력된 문자열을 전달한다.

- OnTooltip(bool state): UICamera의 Tooltip Delay에 설정한 시간 이상으로 마우스가 오브젝트 위에 머물러 있을 경우 호출된다. Sticky Tooltip 파라미터를 체크하면 마우스가 움직여도 충돌체를 벗어나지 않으면 툴팁이 남는다. 그러나 체크하지 않을 경우, 마우스가 움직이는 순간 툴팁이 사라진다.

- OnScroll(float delta): 호버 상태에서 마우스 휠이 움직일 때 호출된다. 인자 delta를 통해서 스크롤의 양과 방향을 알려준다.

- OnKey(KeyCode key): 오브젝트가 선택된 상태에서 사용자가 키보드나 컨트롤러를 통해 입력하면 호출된다. 입력된 키코드Keycode는 인자 key에 저장된다.[2]

---

1 OnClick()과 OnSelect()의 판정 방법은 동일한다. 마우스 버튼을 누른 오브젝트와 버튼을 놓은 오브젝트가 동일해야 한다. 단지 OnClick()의 경우는 마우스 버튼을 누른 이후, 마우스가 얼마나 움직였는가를 추가로 판정 조건에 포함할 수 있다. – 옮긴이

2 OnInput()과 OnKey()의 차이는 다음과 같다. 키보드의 w키를 누를 경우, OnInput()에서는 인자를 통해 문자열 w가 전달되지만, OnKey()에서는 키코드 UpArrow가 전달된다. – 옮긴이

3D 오브젝트에 스크립트를 추가해서 앞에서 살펴본 이벤트를 처리하려면, 그 오브젝트가
UICamera 컴포넌트의 Event Mask에 포함된 레이어에 있는지 확인한다.

툴팁

OnTooltip() 이벤트를 이용해서 아이템 툴팁을 만든다.

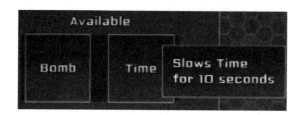

툴팁에도 NGUI 지역화 시스템을 적용한다.

기본 툴팁

우선 사용자에게 툴팁을 보여줄 때 사용할 기본 툴팁을 만든다.

1. Help 게임오브젝트를 선택하고, Ctrl + D를 눌러 복사한다.
    1. 복사한 게임오브젝트의 이름을 Tooltip으로 바꾼다.
    2. UIPanel에서 Depth 값을 4로 바꾼다.
    3. UIPanel에서 Clipping 파라미터를 None으로 바꾼다.
    4. Box Collider 컴포넌트를 제거한다.
    5. UIDrag Object 컴포넌트를 제거한다.
    6. UIAnchor 컴포넌트를 제거한다.
    7. Transform에서 위치 값을 0, 0, 0으로 초기화한다.
2. Tooltip 하위에 있는 Background 게임오브젝트를 선택한다.

      1. Depth 값을 0으로 바꾼다.

      2. Pivot 위치를 좌측 상단으로 바꾼다.

      3. Dimensions를 200, 50으로 바꾼다.

      4. Transform에서 위치 값을 0, 0, 0으로 초기화한다.

3. Tooltip 하위에 있는 Label 게임오브젝트를 선택한다.

      1. Depth 값을 1로 바꾼다.

      2. 텍스트를 This is a Tooltip으로 바꾼다.

      3. Overflow 파라미터를 Resize Height로 설정한다.

      4. Tween Position 컴포넌트를 제거한다.

      5. UILocalize 컴포넌트를 제거한다.

      6. Pivot 위치를 좌측 상단으로 바꾼다.

      7. Transform에서 위치 값을 15, −15, 0으로 설정한다.

      8. Dimensions를 200, 20으로 바꾼다.

4. Tooltip 게임오브젝트를 선택한다.

5. Component ▶ NGUI ▶ UI ▶ Tooltip을 선택해서 UITooltip 컴포넌트를 추가한다.

      1. UITooltip의 Text 필드로 Tooltip 하위에 있는 Label 게임오브젝트를 드래그한다.

      2. Background 필드로 Tooltip 하위에 있는 Background 게임오브젝트를 드래그한다.

툴팁을 보여줄 준비를 마쳤다. Tooltip의 자식인 Label 게임오브젝트의 Pivot 을 좌측 상단에 정렬하면서 위치 값으로 15, −15, 0을 설정했다. 이는 Background 스프라이트와 Label 간의 간격을 유지하기 위해서다.

Overflow 파라미터는 ResizeHeight로 설정했다. 따라서 툴팁의 텍스트는 아래로만 확장한다. Background 스프라이트는 Label에 맞게 자동으로 커지기 때문에 툴팁의 길이가 길어져도 여전히 정돈된 모습을 보여줄 수 있다.

툴팁 보여주기

이제 필요할 때 툴팁을 보여줘야 한다. 이를 위해서 지역화된 텍스트로 툴팁을 생성하는 OnTooltip() 이벤트를 사용한다.

프로젝트 뷰에서 TooltipManager라는 이름으로 새로운 스크립트를 생성한다. 그 다음 스크립트를 Time과 Bomb 프리팹에 추가한다.

TooltipManager.cs 스크립트를 열고 툴팁의 유형을 담은 열거형을 정의한다.

```
// 툴팁의 유형을 정의한다.
public enum Type
{
    Bomb,
    Time
}
// 열거형 변수를 선언한다.
public Type type;
```

지역화된 텍스로 툴팁을 보여주는 OnTooltip() 함수를 추가한다.

```
// 툴팁 이벤트가 발생했을 때
void OnTooltip(bool state)
{
    // state가 참이면, type에 맞는 새로운 툴팁을 생성한다.
    if(state)
        UITooltip.ShowText(Localization.instance.Get(type.ToString() +
"Tooltip"));
    // state가 거짓이면 빈 문자열을 이용해 툴팁을 감춘다.
    else
        UITooltip.ShowText("");
}
```

스크립트를 저장한다. 이 스크립트에서는 Localization.instance.Get(string key)라는 유용한 함수를 사용한다. Key를 인자로 전달하면 그에 맞는 지역화된 문자열을 반환하는 함수다. 이제 코드를 통해서 언제든지 레이블의 텍스트를 지역화된 텍스트로 바꿀 수 있다.

 Localization.instance.Get(string key)을 사용하려면 레이블에 UILocalize 컴포넌트가 연결돼 있어야 한다. UILocalize의 값이 기존 레이블의 텍스트를 덮어쓰게 된다.

툴팁에 지역화된 텍스트를 표시하는 코드를 완성했다. 이제 지역화된 문자열을 English.txt 파일에 추가한다.

```
BombTooltip = Explodes all\nenemies at once
TimeTooltip = Slows Time\nfor 10 seconds
```

같은 방식으로 다음 문자열을 French.txt 파일에 저장한다.

```
BombTooltip = Détruit tous les ennemis d'un coup
TimeTooltip = Ralentit le temps pour 10 secondes
```

Txt 파일을 저장하고 유니티로 돌아간다. 다음 과정을 통해서 TooltipManager의 type 변수를 지정한다.

1. 프로젝트 뷰에서 Bomb 프리팹을 선택한다. TooltipManager 컴포넌트의 Type 필드에서 Bomb을 선택한다.
2. 프로젝트 뷰에서 Time 프리팹을 선택한다. TooltipManager 컴포넌트의 Type 필드에서 Time을 선택한다.
   게임을 실행한다. 아이템 상자에 있는 Bomb 또는 Time 아이템으로 마우스를 가져가면 툴팁이 나타난다! 그런데 툴팁이 나타나기까지 조금 오래 기다려야 하는 느낌이다.
3. UI Root 하위에 있는 Camera 게임오브젝트를 선택한다. UICamera 컴포넌트에서 Tooltip Delay 파라미터를 0.3으로 바꾼다.

게임을 실행한다. 한결 나아진 모습을 확인할 수 있다. 호버 상태에 들어가 0.3초 정도 지나면 지역화된 툴팁이 나타난다.

트윈 함수

모노디벨롭MonoDevelop에서 함수를 작성하고, 그 내부에서 Tween이라고 입력하면 사용 가능한 다양한 트윈 클래스를 볼 수 있다. 자동 완성 기능을 통해 확인한 트윈 클래스의 목록은 다음과 같다.

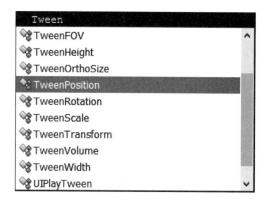

트윈 클래스의 강점은 매 프레임 실행할 필요 없이, 단 한 줄의 코드로 작동시킬 수 있다는 점이다. Begin() 함수만 호출하면 된다!

현재는 씬에 위젯만 있기 때문에 위젯에 트윈을 적용하는 것이다. NGUI 위젯도 기본적으로는 게임오브젝트다. 일반 게임오브젝트에서도 동일한 방식으로 트윈을 사용할 수 있다는 사실을 기억한다.

메인 메뉴 등장 효과

TweenPosition 클래스를 이용해서 게임을 실행하면 메인 메뉴가 화면 상단에서 내려오게 만든다. 처음에는 한 줄의 코드로 간단한 트윈을 적용한다. 그 다음 이징easing과 지연delay을 추가해서 더욱 멋진 모습을 연출한다.

트윈

MainMenu에 있는 Container 게임오브젝트에 Tween Position 컴포넌트를 추가해서 간단하게 문제를 처리할 수도 있다. 그러나 여기서 트윈 코드를 어떻게 작성하는지 살펴봐야 한다.

1. AppearFromAbove.cs라는 새로운 스크립트를 생성해서 MainMenu 하위에 있는 Container 게임오브젝트에 추가한다.

2. AppearFromAbove.cs를 열고, Start() 함수로 간다. 우선 Container의 position 값을 화면 높이보다 큰 값으로 설정한다. 그 다음 트윈을 이용해서 1초에 걸쳐 0, 0, 0 위치로 되돌린다.

```
void Start ()
{
    // 우선 메뉴가 화면 밖으로 나가도록 위치 값 Y를 설정한다.
    this.transform.localPosition = new Vector3(0,1080,0);
    // TweenPosition을 이용해서 1초에 걸쳐 0, 0, 0으로 돌아오게 만든다.
    TweenPosition.Begin(this.gameObject, 1, Vector3.zero);
}
```

3장에서 이미 간단한 트윈 컴포넌트를 사용한 경험이 있다. 코드를 이용하면 기본 트윈에 좀 더 자연스러운 느낌과 지연 효과를 더할 수 있다.

스크립트를 저장하고 게임을 실행한다. 단 두 줄의 코드로 메인 메뉴가 화면 상단에서 내려오는 효과를 연출했다.

이징과 지연

앞서 아주 기본적인 트윈을 적용했다. 이징과 지연을 추가하면 더 정교하고 자연스러운 효과를 만들 수도 있다.

앞서 작성한 Start() 함수를 다음과 같이 수정한다.

```
void Start ()
{
    // 우선 메뉴가 화면 밖으로 나가도록 위치 값 Y를 설정한다.
    this.transform.localPosition = new Vector3(0, 1080, 0);
    // TweenPosition을 이용해서 1.5초에 걸쳐 0, 0, 0으로 돌아오게 만든다.
    TweenPosition tween = TweenPosition.Begin(this.gameObject, 1.5f,
Vector3.zero);
    // 트윈 시작을 지연한다.
    tween.delay = 1f;
    // 트윈의 시작과 끝에 이징 효과를 추가한다.
    tween.method = UITweener.Method.EaseInOut;
}
```

게임을 실행한다. 트윈에 멋진 `EaseInOut` 함수를 적용했고, 메뉴의 수직 운동이 훨씬 부드러워졌다. 이 모든 것이 코드로 처리된 것이다. 트윈에 다양한 효과를 더할 수 있는 다양한 트윈 함수를 소개한다.

- `Linear`: 기본적인 선형 트윈을 만든다. 부드럽게 만드는 연출은 없다.

- `EaseIn`: 시작 부분이 부드러운 트윈을 만든다.

- `EaseOut`: 끝 부분이 부드러운 트윈을 만든다.

- `EaseInOut`: 시작과 끝이 모두 부드러운 트윈을 만든다.

- `BounceIn`: 트윈의 시작 부분에 바운스bounce 효과를 준다.

- `BounceOut`: 트윈의 끝부분에 바운스 효과를 준다.

`TweenPosition` 클래스의 사용법을 살펴봤다. `TweenScale`, `TweenRotation`, `TweenColor` 등의 트윈 클래스도 비슷한 방식으로 작동하게 때문에 얼마든지 사용할 수 있을 것이다.

키보드 내비게이션

지금까지 마우스만을 고려한 UI를 만들었다. 그러나 키보드나 게임 패드 같은 기타 컨트롤러를 통한 UI 내비게이션도 얼마든지 가능하다. UIButton Keys 컴포넌트가 바로 이 역할을 담당한다. 키로 접근하려는 UI 위젯에 UIButton Keys 컴포넌트를 추가하면 된다. 인스펙터에서의 컴포넌트의 기본 모습은 다음과 같다.

먼저 Play, Exit, Options 버튼에 키 내비게이션을 적용해 보자.

1. Buttons 하위에 있는 Exit, Options, Play 게임오브젝트를 선택한다.

2. Component > NGUI > Interaction > Button Keys를 선택해서 UIButton Keys 컴포넌트를 추가한다.

3. Play 게임오브젝트를 선택한다.

   1. Starts Selected 옵션을 체크한다.

   2. Selected On Left 필드에 Exit 게임오브젝트를 드래그한다.

   3. Selected On Right 필드에 Exit 게임오브젝트를 드래그한다.

   4. Selected On Down 필드에 Options 게임오브젝트를 드래그한다.

4. Exit 게임오브젝트를 선택한다.

   1. Selected On Left 필드에 Play 게임오브젝트를 드래그한다.

   2. Selected On Right 필드에 Play 게임오브젝트를 드래그한다.

   3. Selected On Down 필드에 Options 게임오브젝트를 드래그한다.

5. Options 게임오브젝트를 선택한다.

   1. Selected On Left 필드에 Exit 게임오브젝트를 드래그한다.
   2. Selected On Right 필드에 Play 게임오브젝트를 드래그한다.
   3. Selected On Up 필드에 Play 게임오브젝트를 드래그한다.

게임을 실행한다. Play 버튼이 선택된 상태로 패널이 내려온다. 이 상태에서
키보드 방향키를 누르면 설정한 대로 UI 내비게이션을 할 수 있다. Enter키를
누르면 마우스 버튼을 클릭한 것처럼 버튼을 누르게 된다.[3]

알림 메시지

게임을 시작하기 전에 사용자가 별명을 입력하고 아이템을 선택하는 과정을
거치도록 메인 메뉴를 수정한다.

현재 사용자는 별명 입력과 아이템 선택 여부와 관계 없이 언제든지 게임을
시작할 수 있다. 사용자의 게임 실행을 막고, 알림 메시지를 띄우는 방법으
로 이 문제를 해결한다.

---

3 버튼이 아닌 다른 곳을 클릭해서 선택된 버튼이 없으면 더 이상 키보드 내비게이션이 작동하지 않는다. Tab 키 등을 이용
해서 선택 상태로 되돌아오는 코드가 없기 때문이다. 여기서는 버튼을 클릭해서 선택 상태를 만들면 다시 키보드 내비게이
션을 사용할 수 있다. - 옮긴이

TweenScale 컴포넌트를 이용해서 0, 0, 0에서 1, 1, 1로 크기가 커지는 알림 메시지를 만든다.

1. 계층 뷰에서 Tooltip 게임오브젝트를 선택한다.

2. Ctrl + D를 불러서 복사한다.

3. 복사한 게임오브젝트의 이름을 Notification으로 바꾼다.

   1. UIPanel의 Depth 값을 5로 설정한다.

   2. UITooltip 컴포넌트를 제거한다.

   3. Transform의 위치 값을 0, -355, 0으로 바꾼다.

4. Notification 하위에 있는 Label 게임오브젝트를 선택한다.

   1. UILabel의 텍스트를 This is a Notification으로 바꾼다.

   2. Overflow 파라미터를 Shrink Content로 바꾼다.

   3. Pivot을 중앙으로 바꾼다.

   4. Dimensions 파라미터에 550, 80을 입력한다.

   5. Transform의 위치 값을 0, 0, 0으로 초기화한다.

5. Component ▶ NGUI ▶ UI ▶ Localize로 가서 Notification 하위에 있는 Label 게임오브젝트에 UILocalize 컴포넌트를 추가한다.

6. Notification 하위의 Background 게임오브젝트를 선택한다.

   1. UISprite의 Pivot 파라미터를 정중앙으로 바꾼다.

   2. Dimensions 파라미터에 600, 100을 입력한다.

   3. Transform의 위치 값을 0, 0, 0으로 초기화한다.

7. Notification 게임오브젝트의 Transform에서 크기를 0, 0, 1로 바꾼다.

8. NotificationManager.cs라는 스크립트를 생성해서 Notification 게임오브젝트에 추가한다. 그 다음 스크립트를 연다.

Notification 게임오브젝트가 0, 0, 1의 크기로 준비됐다. Notification 게임오브젝트가 활성화될 때, NotificationManager.cs에서 코드를 통해 TweenScale을 실행할 것이다.

열거형을 이용해서 어떤 알림 메시지를 사용할지 결정한다. 그리고 UILocalize 컴포넌트를 이용해서 지역화된 텍스트를 레이블에서 보여준다. 그러나 이번에는 `Localization.instance.Get()` 함수를 사용하는 대신에 코드에서 `key` 파라미터를 직접 처리한다.

`NotificationManager.cs` 스크립트에서 변수를 선언한다.

```
// 알림 메시지 유형을 담은 열거형을 선언한다.
public enum Type
{
    Nickname,
    Power
}
// 필요한 변수를 선언한다.
public UILocalize loc;
public Type type;
// 정적 함수에서 접근하기 위해 NotificationManager을 저장한다.
public static NotificationManager instance;
```

스크립트를 저장한다. 씬에 있는 `NotificationManager`의 인스턴스를 정적 변수에 저장해서 다른 스크립트에서도 손쉽게 접근할 수 있게 만들었다.

먼저 인스펙터에서 `Loc` 변수를 지정한다.

Notification 게임오브젝트를 선택하고, Notification 하위에 있는 Label 게임오브젝트를 Loc 필드로 드래그한다.

이제 NotificationManager.cs 스크립트로 돌아간다. `Awake()` 함수에서 정적 변수인 `instance`를 초기화한다. 그리고 게임이 시작할 때 Notification 게임오브젝트가 보이지 않도록 비활성화한다.

```
void Awake()
{
    // 정적 변수인 instance에 현재 NotificationManager의 인스턴스를 저장한다.
    instance = this;
```

```
    // Notification 게임오브젝트를 비활성화한다.
    gameObject.SetActive(false);
}
```

Awake() 함수의 작성을 마쳤다. TweenScale을 사용하고, UILocalize 컴포넌트에 적절한 key 파라미터를 설정하기 위해 OnEnable() 함수를 이용한다.

```
void OnEnable ()
{
    // TweenScale로 0.5초 동안 1, 1, 1의 크기로 커진다.
    TweenScale tween = TweenScale.Begin(this.gameObject, 0.5f, new
        Vector3(1,1,1));
    // 트윈의 시작과 끝에 이징 효과를 추가한다.
    tween.method = UITweener.Method.EaseInOut;
    // 알림메시지 유형 + "Notification" 을 지역화 key로 사용한다.
    loc.key = type.ToString() + "Notification";
    // UILocalize 컴포넌트의 키를 강제로 갱신한다.
    loc.Localize();
}
```

> UILocalize가 활성화된 상태에서 key 파라미터를 바꾸려면, Localize() 함수를 통해 강제로 갱신해야 한다는 사실을 기억한다.

게임을 실행한다. 유니티가 플레이 모드에 있는 상태에서 인스펙터에서 직접 Notification 게임오브젝트를 활성화한다.

Notification 게임오브젝트가 부드럽게 나타나는 것을 확인할 수 있다. 이제 코드로 이 부분을 처리하기 위해 Show() 함수를 추가한다.

```
public void Show(Type notificationType, float duration)
{
    // 현재 알림 메시지가 없다면
    if(!gameObject.activeInHierarchy)
    {
```

```
    // 전달 받은 알림 메시지 유형을 지정한다.
    type = notificationType;
    // 알림 메시지를 화면에 띄운다.
    gameObject.SetActive(true);
    // 전달받은 표시 시간이 경과하면 알림 메시지를 제거한다.
    StartCoroutine(Remove(duration));
  }
}
```

Show() 함수는 Notification 게임오브젝트를 활성화시켜서 화면에 알림 메시지를 표시한다. 활성화되면 OnEnable() 함수가 트윈과 지역화를 처리한다.

마지막 행에서 Remove() 코루틴coroutine을 시작한다. 주어진 표시 시간이 경과한 뒤에 알림 메시지를 제거하는 역할을 하는 Remove() 코루틴을 추가한다.

```
public IEnumerator Remove(float duration)
{
    // 알림 메시지의 표시 기간이 끝날 때까지 기다린다.
    yield return new WaitForSeconds(duration);
    // TweenScale로 메시지가 사라지게 만든다.
    TweenScale.Begin(gameObject, 0.5f, new Vector3(0,0,1));
    // TweenScale이 이뤄지는 0.5초 동안 기다린다.
    yield return new WaitForSeconds(0.5f);
    // Notification 게임오브젝트를 비활성화한다.
    gameObject.SetActive(false);
}
```

English.txt 파일에 다음과 같은 지역화 문자열을 추가한다.

```
NicknameNotification = [AAFFFF]Please Enter a
    [00FFAA]Nickname[AAFFFF] before you continue!
PowerNotification = [AAFFFF]Please Select a [00FFAA]Power[AAFFFF]
    before you continue!
```

이번에는 French.txt 파일에 문자열을 추가한다.

```
NicknameNotification = [AAFFFF]Merci d'entrer un
```

```
    [00FFAA]Pseudo[AAFFFF] avant de continuer !
PowerNotification = [AAFFFF]Merci de sélectionner un
    [00FFAA]Power-Up[AAFFFF] avant de continuer !
```

이제 사용자가 별명을 입력하지 않거나 아이템을 선택하지 않은 상태로 게임을 실행하려 할 때 Show() 함수를 호출하면 된다.

이를 위해 지금까지 Play 버튼에 연결돼 있던 Load Level On Click 컴포넌트를 제거한다. 그리고 LaunchValidator.cs라는 새로운 스크립트를 만들어 추가한다.

1. Play 게임오브젝트를 선택하고 Load Level On Click 컴포넌트를 제거한다.
2. LaunchValidator.cs라는 새로운 스크립트를 만들어 추가한다. 그 다음 스크립트를 연다.

일단 별명 입력 상자에 있는 UIInput에 접근해야 한다. 다음과 같이 변수를 선언한다.

```
public UIInput nicknameInput;
```

스크립트를 저장한다. 바로 인스펙터에서 이 변수를 지정한다. Play 게임오브젝트를 선택하고, Nickname 하위에 있는 Input 게임오브젝트를 Launch Validator 컴포넌트에 있는 Nickname Input 필드로 드래그한다.

LaunchValidator.cs 스크립트로 돌아간다. OnClick()을 이용해서 게임을 실행하기 전에 별명과 아이템에 대한 검증을 한다.

```
void OnClick()
{
    // 입력란이 비어있으면
    if(string.IsNullOrEmpty(nicknameInput.value))
    {
        // 2.5초 동안 별명에 대한 알림 메시지를 표시한다.
        NotificationManager.instance.Show(NotificationManager.Type.
            Nickname, 2.5f);
    }
```

```
    // 닉네임은 있으나 아이템을 선택하지 않았다면
    else if(GameManager.SelectedPower == Power.Type.None)
    {
        // 2.5초 동안 아이템에 대한 알림 메시지를 표시한다.
        NotificationManager.instance.Show(NotificationManager.Type.
            Power, 2.5f);
    }
    // 닉네임도 있고 아이템도 선택했다면
    else
    {
        // 게임 씬을 로딩한다.
        Application.LoadLevel("Game");
    }
}
```

게임을 실행한다. 이제 별명을 입력하지 않거나 아이템을 선택하지 않은 상
태로 게임을 시작할 수 없다. 완벽하다!

닉네임 저장

2장에서 별명 입력 상자를 만들며 UIInput 컴포넌트를 다뤘다. 그때 UIInput 컴
포넌트의 Saved As 파라미터에 Nickname을 입력했다. 사용자가 별명을 입력
하고 Enter 키를 누르면, 입력된 문자열이 `PlayerPrefs()` 함수에 의해 저장
된다. 그때 바로 Saved As 파라미터에 입력한 Nickname을 key로 사용하게 된
다.

그런데 문제가 하나 있다. 별명이 저장되려면 사용자가 Enter 키를 눌러야 한다.
Enter 키를 눌러야 하는데 바로 그것이 문제다. 대부분의 사용자는 별명을 입력
한 다음에 Enter 키를 누르지 않고 바로 아이템을 선택하는 과정으로 넘어갈 것
이 분명하다. 이 글을 읽는 당신 역시 그렇게 했을 것이라 확신한다.

사용자가 Enter 키를 누르지 않고 Play 버튼을 클릭한 경우에도 별명으로 입력한 문자열을 `PlayerPrefs()` 함수가 저장하게 만들어야 한다.

LaunchValidator.cs 스크립트의 `OnClick()` 함수 마지막 부분으로 돌아가서 다음 코드를 추가한다. 게임 씬을 불러오기 전에 입력된 별명을 저장하는 역할을 한다. `Application.LoadLevel("Game")`이 있는 행, 바로 앞에 추가하면 된다.

```
// 게임을 실행하기 전에 별명을 저장한다.
PlayerPrefs.SetString("Nickname", nicknameInput.value);
```

이제 사용자가 무슨 짓을 하건, 게임을 시작하기 전에 사용자 별명이 저장된다.

메시지 보내기

2, 3장에서는 인스펙터에서 `Notify` 파라미터를 이용해서 특정 이벤트가 발생한 시점에 메시지를 보냈다. 대부분은 이 방법으로 충분히 메시지를 처리할 수 있다. 그러나 때로는 다른 게임오브젝트, 또는 그 게임오브젝트의 자식에게 메시지를 보내야 할 경우가 있다.

바로 이럴 때 UIEvent Trigger 컴포넌트가 유용하게 활용된다. 여기서는 이 컴포넌트를 이용해서 게임을 종료하기 전에 MainMenu를 사라지게 연출한다.

1. Buttons 하위에 있는 Exit 게임오브젝트를 선택한다.
    1. Component ▶ NGUI ▶ Interaction ▶ Event Trigger를 선택해서 UIEvent Trigger 컴포넌트를 추가한다.
    2. MainMenu 하위에 있는 Container 게임오브젝트를 UIEvent Trigger On Clip/Tap 섹션의 Notify 필드로 드래그한다.
2. Container 게임오브젝트를 선택하고, 연결돼 있는 AppearFromAbove.cs

스크립트를 연다. CloseMenu()라는 간단한 함수를 추가한다.

```
public void CloseMenu()
{
    // 트윈으로 메뉴의 크기를 0으로 줄인다.
    TweenScale.Begin(this.gameObject, 0.5f, Vector3.zero);
}
```

3. Exit 게임오브젝트를 선택한다. UIEvent Trigger의 On Clip/Tap 섹션의 Method 필드에서 AppearFromAbove.CloseMenu를 선택한다.

그 다음에는 Application.Quit()의 실행을 지연한다. 그렇지 않으면 트윈에 의한 연출을 보기도 전에 게임이 종료된다.

1. GameManager 게임오브젝트를 선택한다.

   1. 연결돼 있는 GameManager.cs 스크립트를 연다.

   2. ExitPressed() 함수의 내용을 다음 코드로 대체한다.

      ```
      // 게임을 종료하는 함수를 0.5초 뒤에 호출한다.
      Invoke("QuitNow", 0.5f);
      ```

2. 실제로 게임을 종료하는 QuitNow() 함수를 추가한다.

   ```
   void QuitNow()
   {
       Application.Quit();
   }
   ```

스크립트를 저장하고 게임을 실행한다. Exit 버튼을 누르면 메뉴가 사라지는 모습을 볼 수 있다. Invoke() 함수가 두 번째 인자에 지정된 시간만큼 QuitNow() 함수의 호출을 지연했기 때문이다.

이 멋진 연출을 플레이어가 Play 버튼을 눌렀을 때도 적용한다.

1. Buttons 하위에 있는 Play 게임오브젝트를 선택하고, 연결돼 있는 LaunchValidator.cs 스크립트를 선택한다.

2. MainMenu 하위에 있는 Container 게임오브젝트에 접근해야 한다. 이를 위해 변수를 선언한다.

```
public GameObject menuContainer;
```

3. 유니티로 돌아가서 새로운 menuContainer 변수를 지정한다.
   1. Play 게임오브젝트를 선택하고, MainMenu 하위에 있는 Container 게임오브젝트를 MenuContainer 필드로 드래그한다.
   2. LaunchValidator.cs 스크립트로 돌아간다. Application. LoadLevel("Game"); 부분을 다음 코드로 대체한다.

   ```
   menuContainer.SendMessage("CloseMenu");
   Invoke("LaunchNow", 0.5f);
   ```

4. 실제로 게임을 실행하는 함수인 LaunchNow()를 추가한다.

```
void LaunchNow()
{
    Application.LoadLevel("Game");
}
```

이제 게임을 실행할 때 메뉴 창이 등장하고, 플레이 버튼을 누를 때 메뉴 창이 사라진다. 훨씬 그럴 듯한 모습으로 메뉴에서 게임으로의 전환이 이뤄진다. 이 과정에서 Event Trigger의 사용법을 간단히 살펴봤다.

이벤트 전달

경우에 따라 유용할 수 있는 또 하나의 컴포넌트가 있다. 바로 UIForward Events다. 이 컴포넌트는 자신이 연결된 게임오브젝트에서 발생한 이벤트를 씬에 있는 다른 게임오브젝트로 전달한다. 특히 여러 이벤트를 전달할 수 있다는 특징을 가진다. 직접 사용해 보면 쉽게 이해할 수 있다.

1. 계층 뷰 검색 상자에서 Bomb을 입력해서 Grid 하위에 있는 Bomb 게임 오브젝트를 선택한다.

2. Component ❯ NGUI ❯ Interaction ❯ Forward Events를 선택해서 UIForward Events 컴포넌트를 추가한다.
   1. Grid에 있는 Time 게임오브젝트를 Target 필드로 드래그한다.
   2. OnHover 옵션을 체크한다.
   3. OnPress 옵션을 체크한다.
   4. OnDrag 옵션을 체크한다.

게임을 실행한다. Bomb 아이템에서 발생하는 호버, 클릭, 드래그 이벤트가 그대로 Time 아이템에 반영된다. 이벤트 전달이란 바로 이런 것이다.

UIForward Events의 기능을 살펴봤으니, 이제 Bomb 게임오브젝트에서 UIForward Events 컴포넌트를 제거한다.

요약

4장에서는 NGUI에서 C# 스크립팅의 활용을 통해 지역화가 적용된 툴팁과 알림 메시지를 구현했다. 트윈 클래스의 몇몇 함수와 이징 효과를 사용해서 메인 메뉴가 나타나고 사라지게 연출하는 법도 살펴봤다.

UI에서 키보드 내비게이션을 적용하는 방법을 설명했다. 그리고 게임을 실행하면 마지막 사용했던 별명이 저장된 상태로 남아있게 만들었다. 마지막으로 앞으로 유용하게 사용할, NGUI 컴포넌트를 이용해서 메시지를 보내고 전달하는 방법도 살펴봤다.

이제 Game.unity 씬을 만들고, 스크롤 뷰포트를 구현하는 일이 남았다. 5장에서 이 부분을 다룬다.

5

스크롤 뷰포트

5장에서는 새로운 씬을 만들고 제대로 작동하는 스크롤 뷰포트를 제작한다. 이 스크롤 뷰포트에 사용자가 오브젝트를 드롭하게 된다. 그리고 스크롤 바와 키보드 방향키를 이용한 스크롤링 같은 흥미로운 기능도 추가된다.

스크롤 뷰포트는 이 책에서 만들 게임의 기반이 된다. 이제부터는 사용자가 아닌 플레이어player인 것이다. 기본 아이디어는 이렇다. 플레이어는 뷰포트를 스크롤하면서 장애물을 원하는 곳으로 드래그해서 드롭한다. 장애물이 설치되려면 몇 초 정도의 시간이 걸린다. 그 사이 적이 화면 상단에서부터 내려온다. 적이 장애물과 부딪히면, 둘 다 파괴된다. 적은 7장에서 따로 만든다.

씬에 장애물이 많을수록 장애물이 설치되는 데 많은 시간이 소요된다. 또한 새로운 장애물을 사용할 때까지 많은 시간을 기다려야 한다.

게임 씬 준비

5장에서도 사용하기 위해 GameManager와 Notification 게임오브젝트를 프리팹으로 만든다.

Menu 씬에서 두 게임오브젝트를 프로젝트 뷰로 드래그해서 각각의 프리팹을 생성한다.

Ctrl + N을 눌러 새로운 씬을 만든다.

1. Ctrl + S를 눌러 씬을 저장한다. 씬의 이름은 Game으로 한다.

2. 씬에서 Main Camera를 삭제한다. 이 씬에는 별도의 카메라가 필요하지 않다.

3. 프로젝트 뷰에서 GameManager 프리팹을 찾아서 계층 뷰로 드래그한다.

4. NGUI ▶ Create ▶ 2D UI를 선택한다.

5. Game이란 이름으로 새로운 레이어를 만든다.

6. UI Root 하위의 Camera에서 Camera 컴포넌트를 찾는다.

7. Culling Mask 파라미터에서 Game 레이어를 선택한다.

8. Background 파라미터에 R = 0, G = 0, B = 0, A = 255인 색상을 지정한다

 색상 선택창이 HSVA가 아닌 RGBA 모드인지 확인한다. 색상 선택창의 각 색상 슬라이더 앞에 쓰인 문자를 통해 확인할 수 있다.

9. UI Root를 선택한다.

   1. Scaling Style은 FixedSize로 한다.

   2. Manual Height에는 1080을 입력한다.

씬과 UI가 준비됐다. 현 단계에서 UI Root 컴포넌트의 모습이다.

이제 스크롤 뷰포트를 만들 차례다.

스크롤 뷰포트

클리핑이 적용된, 드래그할 수 있는 배경을 먼저 만든다. 그 다음 그 배경에 스크롤 바를 연결한다.

드래그 가능한 배경

플레이어는 상하, 좌우로 배경을 스크롤하게 된다. 화면 사이즈보다 높이와 너비 모두가 큰 배경이 필요하다는 의미다. 플레이어가 자주 화면을 스크롤 하도록 만들기 위해 이 게임에선 아주 큰 배경이 필요하다. 화면 두 배 크기 의 배경을 만든다.

다음 과정을 따라 배경을 제작한다.

1. UI Root 게임오브젝트가 선택된 상태에서 Alt + Shift + N을 눌러 새로운 게임오브젝트를 자식으로 생성한다. 새로운 게임오브젝트의 이름을 Viewport로 바꾼다.

    1. Viewport 게임오브젝트를 선택하고, Component ▶ NGUI ▶ UI ▶ NGUI Panel로 가서 UIPanel 컴포넌트를 추가한다.

    2. UIPanel 컴포넌트에서 Clipping 파라미터를 Alpha Clip으로 설정한다.

    3. Clipping Size는 1920, 1080으로 설정한다.

2. Viewport 게임오브젝트를 선택한다. UIScroll View 컴포넌트를 추가하기 위해 Component ▶ NGUI ▶ Interaction ▶ Scroll View를 선택한다.

    1. Drag Effect는 Momentum으로 설정한다. 플레이어가 스프링 효과를 통 해 배경 밖의 영역을 보는 상황을 피하기 위해서다.

2. Momentum Amount는 10으로 한다. 10 이상의 값을 사용하면 마우스 버튼을 놓았을 때 배경이 너무 많이 밀린다.

3. Movement는 Unrestricted로 설정한다.

3. Component > NGUI > Interaction > Drag Scroll View로 가서 UIDragScrollView 컴포넌트를 추가한다.

4. NGUI > Attach > Collider를 선택해서 Box Collider를 추가한다. Size를 3840, 2160, 1로 설정한다.

스크롤 패널의 설정이 끝났다. 이제 타일링되는 배경을 만들 차례다.

1. NGUI > Open > Widget Wizard로 가서 위젯 마법사를 연다.

1. Atlas 필드가 비어있다면 프로젝트 뷰에서 Assets > NGUI > Examples > Atlases 폴더에 있는 SciFi Atlas 프리팹을 찾아서 드래그한다.

2. Template에서 Sprite를 선택한다.

3. Sprite에서 Honeycomb 스프라이트를 선택한다.

4. Viewport 게임오브젝트를 선택하고 Add To 버튼을 누른다.

2. 새로 생성된 Sprite 게임오브젝트를 선택한다.

1. 이름을 Background로 바꾼다.

2. Sprite Type을 Tiled로 바꾼다.

3. Color를 R = 0, G = 40, B = 40, A = 255로 바꾼다.

4. Depth는 0으로 설정한다.

5. Dimensions는 3840, 2160으로 한다.

게임을 실행한다. 스크롤 뷰포트가 완성됐다. 마우스로 클릭해서 드래그하면 배경이 스크롤 된다.

스크롤 바 연결

뷰포트에서 플레이어가 자신의 위치를 알 수 있도록 스크롤 바를 추가한다. 스크롤 바는 뷰포트 위에 렌더링되는 별도의 패널에 있어야 한다. 그렇지 않으면 배경을 드래그할 때 스크롤 바도 함께 밀려간다. 다음 과정을 통해 스크롤 바를 추가한다.

1. UI Root 게임오브젝트를 선택한다.

2. NGUI ▶ Create ▶ Panel을 선택해서 Panel 게임오브젝트를 생성한다.

3. 이름을 UI로 바꾼다. UI의 UIPanel 컴포넌트에서 Depth 값을 1로 바꿔서 뷰포트 위에 그려지게 한다.

4. NGUI ▶ Open ▶ Widget Wizard로 가서 위젯 마법사를 연다.

   1. Template에서 Scroll Bar를 선택한다.

   2. Background에서 Dark 스프라이트를 선택한다.

   3. Foreground에서 Highlight 스프라이트를 선택한다.

   4. Direction에서 Left To Right를 선택한다.

   5. UI 게임오브젝트를 선택한 상태에서 Add To 버튼을 누른다.

   6. 다시 UI 게임오브젝트를 선택하고 Add To 버튼을 누른다. 화면 중앙에 두 개의 스크롤 바가 겹쳐서 생성된다. 이제 스크롤 바의 크기를 조절해서 화면 좌측과 하단에 배치한다.

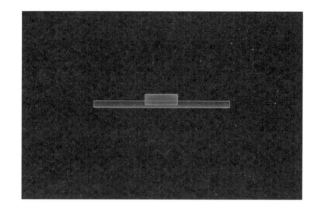

5. 첫 번째 Scroll Bar 게임오브젝트를 선택하고 이름을 VerticalScrollbar로 바꾼다. UIScroll Bar 컴포넌트의 Appearance 섹션으로 간다. Direction을 TopToBottom으로 바꾼다.

6. VerticalScrollbar 게임오브젝트를 선택하고, Component ▶ NGUI ▶ UI ▶ Anchor로 가서 UIAnchor 컴포넌트를 추가한다.

   1. Viewport 게임오브젝트를 Container 필드로 드래그한다.

   2. Side 파라미터를 TopRight로 바꾼다.

7. VerticalScrollbar 하위의 Background 게임오브젝트를 선택한다.

   1. Color를 R = 130, G = 255, B = 245, A = 110으로 지정한다.

   2. Pivot을 우측 상단으로 설정한다.

   3. Dimensions에 22, 1058을 입력한다.

   4. Transform의 위치 값을 0, 0, 0으로 초기화한다.

8. VerticalScrollbar 하위의 Foreground 게임오브젝트를 선택한다.

   1. Color를 R = 0, G = 255, B = 128, A = 255로 지정한다.

   2. Pivot을 우측 상단으로 설정한다.

   3. Dimensions에 22, 1058을 입력한다.

   4. Transform의 위치 값을 0, 0, 0으로 초기화한다.

9. 남아있는 또 다른 Scrollbar 게임오브젝트를 선택하고 이름을 HorizontalScrollbar로

바꾼다. UIScroll Bar 컴포넌트의 Appearance 섹션으로 간다. Direction을 LeftToRight로 바꾼다.

10. HorizontalScrollbar 게임오브젝트를 선택하고, Component ▶ NGUI ▶ UI ▶ Anchor로 가서 UIAnchor 컴포넌트를 추가한다.

  1. Viewport 게임오브젝트를 Container 필드로 드래그한다.

  2. Side 파라미터를 BottomLeft로 바꾼다.

11. HorizontalScrollbar 하위의 Background 게임오브젝트를 선택한다.

  1. Color를 R = 130, G = 255, B = 245, A = 110으로 지정한다.

  2. Pivot을 좌측 하단으로 설정한다.

  3. Dimensions에 1920, 22를 입력한다.

  4. Transform의 위치 값을 0, 0, 0으로 초기화한다.

12. HorizontalScrollbar 하위의 Foreground 게임오브젝트를 선택한다.

  1. Color를 R = 0, G = 255, B = 128, A = 225로 지정한다.

  2. Pivot을 좌측 하단으로 설정한다.

  3. Dimensions에 1920, 22를 입력한다.

  4. Transform의 위치 값을 0, 0, 0으로 초기화한다.

수고했다. 이것으로 수직, 수평 스크롤 바에 대한 설정이 끝났다. 이제 이 스크롤 바를 스크롤 뷰에 지정하면 된다.

  1. Viewport 게임오브젝트를 선택한다.

  2. UIScroll View의 Scroll Bars 섹션으로 간다. Horizontal 필드로 HorizontalScrollbar 게임오브젝트를 드래그한다.

  3. Vertical 필드로 VerticalScrollbar 게임오브젝트를 드래그한다.

  4. Show Condition을 Always로 바꾼다.

게임을 실행한다. 스크롤 바로 뷰포트를 스크롤 할 수 있다. 스크롤 바는 동시에 플레이어가 뷰포트 어디쯤을 보고 있는가를 알려준다. 현재 계층 뷰는 다음과 같은 모습이다.

키보드 스크롤

이 게임에서는 키보드를 이용한 스크롤이 중요한 역할을 담당한다. 이를 위해 키보드 입력에 따라 강제로 스크롤 바를 움직이는 스크립트를 직접 작성한다. Viewport 게임오브젝트를 선택한다. 그 다음 KeyboardScroll.cs라는 이름의 스크립트를 생성해 연결한다. 스크립트를 열고 필요한 변수와 Awake() 함수를 작성한다.

```csharp
// 키보드로 제어할 스크롤 바가 있어야 한다.
UIScrollBar hScrollbar;
UIScrollBar vScrollbar;
public float keyboardSensitivity = 1;

void Awake()
{
    // Awake 함수에서 스크롤 바 찾아서 변수에 지정한다.
    hScrollbar =
        GetComponent<UIScrollView>().horizontalScrollBar;
    vScrollbar =
```

```
        GetComponent<UIScrollView>().verticalScrollBar;¹
}
```

`Awake()` 함수에서 두 스크롤 바를 찾아서 변수에 저장했고, 스크롤 감도를 정하는 플롯 타입 변수를 선언했다.

이제 매 프레임 수직, 수평 입력축의 값을 체크하고, 그에 따라 스크롤 바의 `value`를 변경한다.

```
void Update()
{
    // 키보드의 각 입력축 값을 가져온다.
    Vector2 keyDelta = Vector2.zero;
    keyDelta.Set(Input.GetAxis("Horizontal"),
        Input.GetAxis("Vertical"));
    // 키보드 입력이 없으면 그냥 넘어간다.
    if(keyDelta == Vector2.zero) return;
    // 입력 값이 프레임 레이트의 영향을 받지 않게 만들고, 감도를 곱한다.
    keyDelta *= Time.deltaTime * keyboardSensitivity;
    // 스크롤 바의 value를 변경함으로써 화면을 스크롤한다.
    hScrollbar.value += keyDelta.x;
    vScrollbar.value -= keyDelta.y;
}
```

스크립트를 저장하고 게임을 실행한다. 이제 키보드 방향키로 화면을 스크롤할 수 있다. 적절한 스크롤 감도를 찾아 인스펙터에서 Sensitivity 파라미터를 수정한다.

이제 Viewport 게임오브젝트에 드래그앤드롭 할 수 있는 장애물을 만들 차례다.

---

1 원서가 제공하는 스크립트 파일은 UIDraggablePanel를 사용하고 있다. 내려받은 스크립트를 사용한다면 UIDraggablePanel을 UIScrollView로 변경해야 한다. – 옮긴이

장애물

드래그할 수 있는 장애물을 만든다. 플레이어는 장애물을 뷰포트로 드래그 앤드롭할 수 있다. 장애물 프리팹은 다음과 같은 모습이다.

프리팹 제작

우선 장애물 프리팹을 담을 게임오브젝트를 만든다.

1. UI 게임오브젝트를 선택한다.

2. Alt + Shift + N을 눌러 새로운 게임오브젝트를 자식으로 생성한다. 새로운 게임오브젝트의 이름을 Barrier로 바꾼다. .

3. NGUI ▶ Open ▶ Widget Wizard로 가서 위젯 마법사를 연다.

   1. Template에서 Sprite를 선택한다.

   2. Sprite에서 Dark 스프라이트를 선택한다.

   3. Barrier 게임오브젝트를 선택한 상태로 Add To 버튼을 누른다.

4. Barrier 하위에 있는 Sprite 게임오브젝트를 선택한다.

   1. 이름을 Background로 바꾼다.

   2. UISprite 컴포넌트에서 Sprite를 Sliced로 바꾼다.

   3. Color를 R = 0, G = 250, B = 250, A = 170으로 지정한다.

   4. Depth 값을 0으로 설정한다.

   5. Dimensions에 200, 200을 입력한다.

5. Barrier 게임오브젝트를 선택한다.

6. NGUI ▶ Attach ▶ Collider를 선택해서 Box Collider를 추가한다.

   1. Box Collider 컴포넌트의 Center 필드에 0, 0, 0을 입력한다.

   2. Box Collider 컴포넌트의 Size 파라니터에 200, 200, 1을 입력한다.

7. Component ▶ NGUI ▶ UI ▶ Anchor로 가서 UIAnchor 컴포넌트를 추가한다.

   1. Viewport 게임오브젝트를 Container 필드로 드래그한다.

   2. Side 파라미터를 TopLeft로 설정한다.

   3. Pixel Offset에 100, −100을 입력한다.

장애물을 담을 게임오브젝트가 화면 좌측 상단에 준비됐다.

버튼을 이용해서 장애물 프리팹을 만든다.

1. Barrier 게임오브젝트를 선택한다.

2. NGUI ▶ Open ▶ Widget Wizard로 가서 위젯 마법사를 연다.

   1. Font 필드로 NGUI ▶ Examples ▶ Atlases ▶ SciFi에 있는 SciFi Font – Normal 프리팹을 드래그한다.

   2. Template 필드에서 Button을 선택한다.

   3. Background 필드에서 Highlight 스프라이트를 선택한다.

   4. Barrier 게임오브젝트가 선택된 상태로 Add To 버튼을 누른다.

3. Barrier 하위에 있는 Button 게임오브젝트를 선택한다.

   1. 이름을 BarrierObject로 바꾼다.

   2. Box Collider 컴포넌트의 Center 필드를 0, 0, 0으로 설정한다.

   3. Box Collider 컴포넌트의 Size 필드에 160, 160, 0을 입력한다.

4. BarrierObject 하위의 Background 게임오브젝트를 UIButton 컴포넌트의 Target 필드로 드래그한다.

    1. Normal을 R = 125, G = 255, B = 155, A = 130으로 지정한다.

    2. Hover를 R = 100, G = 255, B = 60, A = 255로 지정한다.

    3. Pressed를 R = 20, G = 255, B = 0, A = 160으로 지정한다.

    4. Disabled를 R = 115, G = 115, B = 155, A = 255로 지정한다.

5. BarrierObject 하위의 Background 게임오브젝트를 선택한다.

    1. Depth 값을 1로 설정한다.

    2. Dimensions을 160, 160으로 설정한다.

6. BarrierObject 하위의 Label 게임오브젝트를 선택한다.

    1. 텍스트를 [99FF99]Barrier로 바꾼다.

    2. Depth 값을 2로 바꾼다.

Barrier 게임오브젝트 안에 BarrierObject를 담았다. 이제 BarrierObject를 드래그할 수 있게 만든다.

1. BarrierObject 게임오브젝트를 선택한다.

2. Component ▶ NGUI ▶ Interaction ▶ Drag Object로 가서 UIDrag Object 컴포넌트를 선택한다.

    1. BarrierObject 게임오브젝트를 Target 필드로 드래그한다.

    2. Z축 방향으로 스크롤되는 것을 막기 위해 Movement 파라미터를 1, 1, 0으로 설정한다.

    3. Drag Effect 파라미터를 None으로 설정한다. 정확한 위치에 드래그해야 하기 때문이다.

3. BarrierObjectController.cs란 이름의 C# 스크립트를 새로 만들어서 BarrierObject에 추가한다.

게임을 실행한다. 이제 BarrierObject 게임오브젝트를 드래그할 수 있다. 그럼

Viewport 게임오브젝트가 드롭된 게임오브젝트를 처리할 수 있도록 처리한다.

장애물 드롭

장애물을 Viewport 게임오브젝트로 드래그하기 위해서는 Viewport 게임오브젝트에서 OnDrop() 이벤트를 통해서 무엇이 드롭됐는지 확인해야 한다.

1. Viewport 게임오브젝트를 선택한다.
2. ViewportHolder.cs란 이름으로 스크립트를 생성해 Viewport 게임오브젝트에 추가한다.
3. ViewportHolder.cs 스크립트를 연다.

게임오브젝트를 드롭했을 때 호출되는 OnDrop() 함수를 스크립트에 추가한다.

```
void OnDrop(GameObject droppedObj)
{
    // 드롭된 게임오브젝트에서 BarrierObjectController를 찾는다.
    BarrierObjectController barrierObj =
        droppedObj.GetComponent<BarrierObjectController>();

    // 게임오브젝트가 BarrierObjectController 컴포넌트를 갖고 있다면,
    // 그 게임오브젝트를 제거한다.
    if(barrierObj != null){
        Destroy(droppedObj);
    }
}
```

스크립트를 저장하고 게임을 실행한다. 그런데 예상과 달리 뷰포트에 BarrierObject 게임오브젝트를 드롭했을 때 아무런 일도 벌어지지 않는다.

3장에서 경험한 것처럼, OnPress(false) 이벤트가 발생할 때 BarrierObject 게임오브젝트의 충돌체가 활성화돼 있기 때문이다. 이 충돌체가 UICamera의 레이캐스트를 방해하고 있다.

드래그하는 동안 충돌체를 비활성화하고, 드롭할 때 다시 활성화하는 처리가 필요하다. 이와 함께 장애물을 Viewport 게임오브젝트가 아닌 다른 곳에 드롭했을 때 재배치하는 부분도 함께 처리한다. BarrierObjectController.cs 스크립트를 열고, 다음과 같이 OnPress() 함수를 추가한다.

```
void OnPress(bool pressed)
{
    // 충돌체의 상태를 바꾼다.
    collider.enabled = !pressed;

    // 지금 막 드롭됐다면,
    if(!pressed)
    {
        // 타겟의 충돌체를 찾는다.
        Collider col = UICamera.lastHit.collider;
        // 타겟에 충돌체가 없거나, 타겟이 Viewport 게임오브젝트가 아니면
        if(col == null || col.GetComponent<ViewportHolder>() == null)
        {
            //로컬 좌표상의 위치를 0, 0, 0으로 재배치한다.
            transform.localPosition = Vector3.zero;
        }
    }
}
```

스크립트를 저장하고 게임을 실행한다. 이제는 BarrierObject 게임오브젝트를 드래그하는 동안 연결된 충돌체가 비활성화된다. 그 결과 Viewport 게임오브젝트의 충돌체 위에 드롭됐을 때, 즉각적으로 오브젝트가 제거된다.

만약 다른 곳(화면 밖이나 BarrierObject를 담고 있는 Barrier 게임오브젝트 내부)에 드롭되면, Barrier 게임오브젝트의 중심으로 재배치한다. 다음으로 넘어가기 전에 BarrierObject 게임오브젝트를 프로젝트 뷰로 드래그해서 프리팹으로 만든다.

이제 Viewport 게임오브젝트에서 생성할 장애물의 프리팹을 만든다.

장애물 설치

BarrierObject 게임오브젝트가 Viewport 위로 드롭되면, 장애물의 인스턴스를 그 자리에 배치한다. 장애물은 드롭된 뒤 몇 초를 기다려야 완성되며, 슬라이더를 통해 완성까지의 상태를 알려준다.

프리팹 제작

뷰포트에 장애물을 생성할 때 사용할 ActiveBarrier 프리팹을 만든다.

1. Viewport 게임오브젝트를 선택한다.

2. Alt + Shift + N를 눌러 자식 게임오브젝트를 새로 만든다.

3. 이름을 ActiveBarrier로 바꾼다.

4. NGUI ▶ Open ▶ Widget Wizard로 가서 위젯 마법사를 연다.

    1. Template에서 Progress Bar를 선택한다.

    2. Empty에서 Dark 스프라이트를 선택한다.

    3. Full에서 Highlight 스프라이트를 선택한다.

    4. ActiveBarrier 게임오브젝트가 선택된 상태로 Add To 버튼을 누른다.

ActiveBarrier 게임오브젝트의 자식으로 다음과 같은 진행 바가 생성된다.

아직까지는 그냥 진행 바의 모습이다. 세부 설정을 통해 앞서 만든 장애물의 모습이 되도록 바꾼다.

1. Progress Bar 하위의 Background 게임오브젝트를 선택한다.

    1. UISprite 컴포넌트에서 Fill Center 옵션을 해제한다.

    2. Color를 R = 100, G = 200, B = 100, A = 255로 설정한다.

    3. Depth 값을 1로 바꿔서 Viewport 게임오브젝트 위로 렌더링되게 한다.

    4. Dimensions에 160, 160을 입력한다.

2. Progress Bar 하위의 Foreground 게임오브젝트를 선택한다.

    1. Color를 R = 75, G = 190, B = 95, A = 255로 설정한다.

    2. Depth 값을 2로 설정한다.

    3. Dimensions에 160, 160을 입력한다.

3. ActiveBarrier 하위의 Progress Bar 게임오브젝트를 선택한다.

    1. 이름을 Slider로 바꾼다.

    2. Transform의 위치 값을 −80, 0, 0으로 바꿔서 뷰포트 중앙에 오게 한다.

    3. UISlider 컴포넌트의 value를 0으로 설정해서 처음에는 비어있는 상태로 만든다.

4. ActiveBarrier 게임오브젝트를 선택한다.

5. NGUI ▶ Attach ▶ Collider를 선택해서 Box Collider를 추가하고, Size를 160, 160, 1로 바꾼다.

ActiveBarrier 게임오브젝트의 슬라이더가 준비됐다. 게임을 실행한 상태에서, 인스펙터로 간다. Slider 게임오브젝트에서 UISlider 컴포넌트의 value를 바꿔본다. 장애물이 완성돼 가는 모습을 확인할 수 있다.

ActiveBarrier의 상태를 나타내는 Building과 Built라는 레이블을 추가한다.

1. BarrierObject 하위의 Label 게임오브젝트를 복사한다.

    1. ActiveBarrier 게임오브젝트로 드래그해서 자식으로 만든다.

2. Transform의 위치 값을 0, 0, 0으로 초기화한다.

3. Depth 값을 3으로 설정한다.

4. Component ▶ NGUI ▶ UI ▶ Localize를 선택해서 UILocalize 컴포넌트를 추가한다.

5. UILocalize 컴포넌트의 key 필드에 BuildingBarrier를 입력한다.

2. ActiveBarrier 게임오브젝트를 프로젝트 뷰로 드래그한다. 앞서 Prefabs 폴더를 만들었다면, 그곳으로 드래그한다.

3. 씬에서 ActiveBarrier 게임오브젝트를 삭제한다.

ActiveBarrier 프리팹이 준비됐다. 이제 다음 지역화 문자열을 English.txt 파일에 추가한다.

```
// 게임
Barrier = [99FF99]Barrier
BuildingBarrier = [FF6666]Building\nBarrier...
Wait = Wait
```

다음 문자열을 French.txt 파일에 추가한다.

```
// 게임
Barrier = [99FF99]Barrière
BuildingBarrier = [FF6666]Construction\nBarrière...
Wait = Attendez
```

ActiveBarrier 프리팹의 설정이 모두 끝났다.

장애물 인스턴스

프리팹은 준비됐다. 이제 Viewport로 BarrierObject 게임오브젝트가 드롭되면, 그 자리에 이 프리팹의 인스턴스를 생성한다.

ViewportHolder.cs 스크립트를 열고, 필요한 변수를 선언한다.

```
// 장애물과 관련된 두 개의 프리팹이 필요하다.
public Object barrierObjectPrefab;
public Object activeBarrierPrefab;

// 장애물이 담겨있을 게임오브젝트가 필요하다.
public GameObject barrierContainer;
```

스크립트를 저장하고, 유니티로 돌아간다. 앞서 선언한 변수를 인스펙터에서 지정한다.

1. Viewport 게임오브젝트를 선택한다.

2. 프로젝트 뷰에서 BarrierObject 프리팹을 찾아서 Viewport Holder 컴포넌트의 BarrierObject 필드로 드래그한다.

3. 프로젝트 뷰에서 ActiveBarrier 프리팹을 찾아서 Viewport Holder 컴포넌트의 ActiveBarrier 필드로 드래그한다.

4. 계층 뷰에서 UI 하위에 있는 Barrier 게임오브젝트를 Viewport Holder 컴포넌트의 Barrier Container 필드로 드래그한다.

변수에 필요한 게임오브젝트를 모두 지정했다. ViewportHolder.cs 스크립트로 돌아간다. Destroy(droppedObj) 행 뒤에 다음 코드를 추가한다.

```
RecreateBarrierObject();
CreateActiveBarrier(droppedObj.transform);
```

여기서 호출하는 두 함수는 장애물을 드롭했을 때 Barrier 내부에 새로 드롭할 수 있는 BarrierObject 프리팹의 인스턴스를 재생성하고, Viewport에서는 ActiveBarrier 프리팹의 인스턴스를 생성하는 역할을 한다.

```
void RecreateBarrierObject()
{
    // BarrierObject의 인스턴스를 컨테이너 역할을 하는 Barrier 게임오브젝트의
    // 자식으로 생성한다.
    Transform newBarrierTrans = NGUITools.AddChild(barrierContainer,
        barrierObjectPrefab as GameObject).transform;
```

```
    // 상대 좌표상의 위치 값을 0, 0, 0으로 한다.
    newBarrierTrans.localPosition = Vector3.zero;
}

void CreateActiveBarrier(Transform barrierObjectTrans)
{
    // ActiveBarrier의 인스턴스를 Viewport의 자식으로 생성한다.
    Transform newActiveBarrierTrans = NGUITools.AddChild(gameObject,
        activeBarrierPrefab as GameObject).transform;
    // 드롭된 오브젝트의 위치를 장애물 인스턴스의 위치로 사용한다.
    newActiveBarrierTrans.position = barrierObjectTrans.position;
}
```

게임을 실행한다. BarrierObject 프리팹을 Viewport 게임오브젝트 위로 드래그
하면, ActiveBarrier 프리팹의 인스턴스가 그 자리에 생성된다. 동시에 Barrier
안에는 드래그할 수 있는 새로운 BarrierObject가 준비된다.

장애물 상태 표시

현재는 드롭된 ActiveBarrier 인스턴스가 처음 상태로 남아있고, 완성까지의
상태가 진행하지 않는다. 이제 상태를 진행시키고, 씬에 배치된 장애물의 개
수에 따라서 장애물의 완성 속도가 변하는 기능을 구현한다.

1. 프로젝트 뷰에서 ActiveBarrier 프리팹을 선택한다.

2. ActiveBarrierController.cs라는 스크립트를 새로 만들어서 프리팹에 추
   가한다.

ActiveBarrierController.cs 스크립트를 열고, 필요한 변수를 선언하고
Awake() 함수에서 그 변수를 초기화한다.

```
// UISlider 컴포넌트와 레이블의 UILocalize 컴포넌트가 필요하다.
private UISlider slider;
private UILocalize loc;
```

```
void Awake()
{
    // Awake()에서 필요한 컴포넌트를 찾는다.
    slider = GetComponentInChildren<UISlider>();
    loc = GetComponentInChildren<UILocalize>();
}
```

필요한 변수를 초기화했다. 이제 코루틴을 추가해서 일정 시간에 걸쳐 UISlider의 value를 증가시킨다. 이때 증가되는 속도는 인자인 buildTime 이 결정한다.

```
public IEnumerator Build(float buildTime)
{
    while(slider.value < 1) {
        slider.value += (Time.deltaTime / buildTime);
        yield return null;
    }
    // 슬라이더의 value가 1보다 크면
    BuildFinished();
}
```

장애물이 완성되면 UISlider의 value 값을 1로 만들고 (value가 1이상인 경우를 대비해서), UILocalize의 key를 변경하는 BuildFinished() 함수를 작성한다.

```
private void BuildFinished()
{
    // value가 1인지 확인한다.
    slider.value = 1;
    // key를 완성된 상태인 Barrier로 바꾸고, UILocalize 컴포넌트를 갱신한다.
    loc.key = "Barrier";
    loc.Localize();
}
```

잘했다. 다음에는 ViewportHolder.cs 스크립트로 가서 barrierCount라는 변수를 선언하고, ActiveBarrier의 Build() 코루틴을 시작하도록 만든다.

ViewportHolder.cs 스크립트를 연다. barrierContainer를 선언한 행 뒤에, 새로운 정수 타입의 변수를 선언한다.

```
public int barrierCount = 0;
```

CreateActiveBarrier() 함수의 newActiveBarrierTrans.position = barrierObjectTrans.position; 행 뒤에 다음 코드를 추가한다. barrierCount 변수를 갱신하고, ActiveBarrier 프리팹에 있는 Build() 코루틴을 시작하는 역할을 한다.

```
// barrierCount를 갱신한다.
barrierCount++;
// buildTime을 계산해서 Coroutine을 시작한다.
StartCoroutine(newActiveBarrierTrans.GetComponent
    <ActiveBarrierController>().Build(barrierCount *2));
```

게임을 실행한다. 화면에 있는 ActiveBarriers 인스턴스의 완성까지의 상태가 표시된다. 더불어 뷰포트에 드롭된 ActiveBarriers 인스턴스의 개수에 따라서 완성에 필요한 시간이 늘어난다.

뷰포트로 이벤트 전달

그런데 지금은 ActiveBarrier 인스턴스 위를 클릭하면 뷰포트를 드래그할 수 없다. 인스턴스의 충돌체가 뷰포트로부터의 이벤트를 가로막기 때문이다.

이벤트를 뷰포트로 전달해서 이 문제를 해결한다.

1. 프로젝트 뷰에서 ActiveBarrier 프리팹을 선택한다.
2. Component ▶ NGUI ▶ Interaction ▶ Forward Events를 선택해서 UIForward Events 컴포넌트를 추가한다.
   1. OnPress 옵션을 체크한다.

2. OnDrag 옵션을 체크한다.

3. 프리팹에 연결돼 있는 ActiveBarrierController.cs 스크립트를 연다.

ActiveBarrier의 인스턴스가 생성됐을 때, UIForward Event 컴포넌트의 `target`을 지정해야 한다. 다음과 같이 `Start()` 함수를 작성한다.

```
void Start()
{
    // 뷰포트를 UIForwardEvents의 target으로 지정한다.
    GetComponent<UIForwardEvents>().target =
        transform.parent.gameObject;
}
```

스크립트를 저장하고 게임을 실행한다. 이제 어디를 클릭해도 뷰포트를 드래그할 수 있다. 그러나 아직 한 가지 빠진 것이 있다. 이미 드롭된 장애물의 개수에 따라서, 새로 드롭할 수 있는 장애물을 특정 시간 동안 비활성화시키는 대기 시스템이 필요하다.

대기 시스템

드롭할 수 있는 새로운 장애물을 특정 시간 동안 비활성화하는 대기 시스템을 만든다.

더불어 트윈을 이용해서 장애물이 부드럽게 나타나는 효과도 연출한다.

대기 시스템 적용

대기 시스템을 적용하기 위해서, 우선 BarrierObjectController.cs 스크립트를 연다. 다음 두 개의 변수를 선언하고, Awake()에서 초기화한다.

```
// 버튼과 레이블이 필요하다.
private UIButton button;
private UILabel label;

void Awake()
{
    // Awake() 함수에서 필요한 컴포넌트를 찾는다.
    button = GetComponentInChildren<UIButton>();
    label = GetComponentInChildren<UILabel>();
}
```

버튼과 레이블을 찾았으면, 이제 버튼을 비활성화하고, 플레이어에게 남아있는 대기 시간을 표시할 Cooldown() 코루틴을 작성한다.

```
public IEnumerator Cooldown(int cooldown)
{
    // 장애물 버튼을 비활성화하고, 그에 맞게 버튼 색상을 갱신한다.
    button.isEnabled = false;
    button.UpdateColor(false, true);
    while(cooldown > 0)
    {
        // 매 초, 지역화된 문자열로 레이블을 갱신한다.
        label.text = Localization.instance.Get("Wait") + " " +
            cooldown.ToString() + "s";
        cooldown -= 1;
        // 1초 동안 기다렸다가 While문의 첫 부분으로 돌아간다.
        yield return new WaitForSeconds(1);
    }
```

```
    // 대기 시간이 0보다 작으면
    CooldownFinished();
}
```

이 코루틴은 대기 기간을 감소시키고, 그에 따라 레이블을 갱신한다. 버튼을 다시 활성화하고, 레이블을 초기화하는 CooldownFinished() 함수를 추가한다.

```
void CooldownFinished()
{
    // 레이블의 텍스트를 기본 상태로 되돌린다.
    label.text = Localization.instance.Get("Barrier");
    // 버튼을 다시 활성화하고, 색상을 Normal 상태로 되돌린다.
    button.isEnabled = true;
    button.UpdateColor(true, true);
}
```

훌륭하다. 대기 시스템이 완성됐다. 이제 새로운 장애물, 즉 BarrierObject 프리팹의 인스턴스가 생성될 때 Cooldown() 코루틴을 시작하면 된다.

이를 위해 ViewportHolder.cs 스크립트로 돌아간다. RecreateBarrierObject() 함수 가장 마지막 부분에 다음 함수를 추가한다.

```
// 새로운 장애물과 함께 대기 시스템을 시작하는 코루틴을 호출한다.
StartCoroutine(newBarrierTrans.GetComponent
    <BarrierObjectController>().Cooldown((barrierCount +1) *3));
```

Cooldown()을 호출할 때 barrierCount +1을 인자로 전달했다. barrierCount는 CreateActiveBarrier() 함수에서 갱신하는데, CreateActiveBarrier() 함수가 RecreateBarrierObject() 함수보다 먼저 호출되기 때문이다.

게임을 실행한다. 장애물을 Viewport에 드롭하면 대기 시간이 끝난 다음에야 다음 장애물을 드롭할 수 있다. 또한 이미 드롭된 장애물이 많을수록 대기 시간도 길어진다.

장애물 등장 효과

TweenScale을 이용해서 대기 시간이 끝났다는 사실을 플레이어에게 좀 더 명확히 알려준다. BarrierObjectController.cs 스크립트로 돌아간다. CooldownFinished() 함수 끝부분에 다음 코드를 추가한다.

```
// 크기를 0, 0, 0으로 설정한다.
transform.localScale = Vector3.zero;
// 트윈을 이용해서 부드럽게 나타나는 효과를 연출한다.
TweenScale.Begin(gameObject, 0.3f, new Vector3(1,1,1));
```

한결 좋아졌다. 장애물의 등장 연출은 플레이어의 주의를 끄는 데 도움을 줄 것이다. 그런데 앞에서 알림 메시지를 만들었다. 여기서 알림 메시지를 재활용하면 더욱 확실하게 플레이어의 주의를 끌 수 있을 것이다.

장애물 알림 메시지

앞서 만든 알림 메시지를 재활용해서 장애물의 대기 시간이 끝났음을 알려준다.

1. 프로젝트 뷰에서 Notification 프리팹을 찾아서 UI 게임오브젝트로 드래 그한다.
2. 계층 뷰에서 Notification 게임오브젝트를 선택한다.
    1. Layer를 2DUI에서 Game으로 바꾼다(인스펙터 우측 상단의 Layer 드롭다운 버튼을 이용한다).
    2. 모든 자식 오브젝트의 레이어도 함께 바꾸겠냐고 묻는 팝업창이 뜨면 Yes를 클릭한다.
    3. NotificationManager.cs 스크립트를 연다.

먼저 새로운 알림 유형을 추가한다. 마지막에 BarrierAvailable을 추가한다. 다음과 같은 모습이 된다.

```
public enum Type
{
    Nickname,
    Power,
    BarrierAvailable
}
```

English.txt 파일에 다음의 지역화 문자열을 추가한다.

```
BarrierAvailableNotification = New [99FF99]Barrier[FFFFFF]
Available!
```

French.txt 파일에 다음의 지역화 문자열을 추가한다.

```
BarrierAvailableNotification = Nouvelle [99FF99]Barrière[FFFFFF]
Disponible!
```

모든 준비가 끝났다. BarrierObjectController.cs 스크립트로 돌아간다.
CooldownFinished() 함수 가장 마지막 부분에 다음 코드를 추가한다.

```
// 플레이어에게 알림 메시지를 띄운다.
NotificationManager.instance.Show(NotificationManager.Type.
BarrierAvailable, 1.5f);
```

게임을 실행한다. 새로운 장애물을 사용할 수 있게 되면, 지역화가 적용된 알림 메시지가 이 사실을 알려준다. 이런 방식으로 플레이어에게 필요한 정보를 확실하게 전달할 수 있다.

요약

5장에서는 드래그할 수 있는 배경을 통해 스크롤 뷰포트를 구현했다. 또한 마우스 드래그, 스크롤 바, 키보드를 이용해서 뷰포트를 스크롤할 수 있게 만들었다.

UIDrag Object 컴포넌트를 이용해서 오브젝트를 뷰포트에 드롭할 수 있는, 이 게임만의 드래그앤드롭 시스템을 만들었다.

장애물의 완성 상태를 표시하고, 대기 시스템을 만들기 위해 코루틴을 사용했다. UIForward Events 컴포넌트를 이용해서 충돌체의 간섭 문제를 해결했고, 앞서 만든 알림 시스템을 Game 씬에서 재활용했다.

이제 7장에서 만들 게임의 기본 구조를 완성했다. 6장에서는 새로운 아틀라스를 만들고, 스프라이트와 폰트를 추가하는 방법을 살펴본다. 이렇게 추가된 새로운 애셋을 이용해서 현재의 게임을 좀 더 게임다운 모습으로 만든다.

6

아틀라스와 폰트

6장에서는 아틀라스를 새로 만들고, 자신의 애셋을 추가하는 방법을 익힌다. 또한 심플Simple 스프라이트, 슬라이스 스프라이트, 타일 스프라이트를 설정하는 방법도 설명한다.

아틀라스에 새롭게 추가한 애셋을 사용해서 앞서 제작한 아이템의 아이콘을 만든다. 그 다음 창의 배경을 바꾸고, 프로젝트에 새로운 폰트를 사용한다.

마지막 7장으로 넘어가기 전에 작은 실습을 통해서 메인 메뉴를 새롭게 바꾼다. 우선 아틀라스를 만드는 방법부터 익혀야 한다.

아틀라스 프리팹

NGUI에서 아틀라스 프리팹은 스프라이트와 폰트를 담는 역할을 한다. 아틀라스는 다음 요소로 구성된다.

- 모든 스프라이트와 폰트를 담는 큰 텍스처

- 이 텍스처 파일이 사용된 재질

아틀라스 프리팹에는 UIAtlas 컴포넌트가 붙어있다. UIAtlas의 주된 기능은 큰 텍스처 안에 들어있는 스프라이트의 위치와 크기 정보를 저장하는 것이다.

사용할 모든 스프라이트가 담긴 한 장의 큰 텍스처를 사용하는 것이 여러 개의 작은 스프라이트를 사용하는 것보다 훨씬 효율적이다.

아틀라스 생성

스프라이트와 폰트를 담기 위해 새로운 아틀라스를 만든다. 아틀라스를 만들기 위해 아틀라스 생성기Atlas Maker를 이용한다. 우선 Menu 씬을 연다.

NGUI ▶ OPEN ▶ Atlas Maker를 선택해서 아틀라스 생성기를 연다.

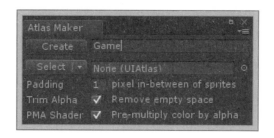

다음 과정을 통해 새로운 아틀라스를 만든다.

1. 첫 번째 필드에 아틀라스 이름으로 Game을 입력한다.
2. 녹색 Create 버튼을 누른다.

새로운 Game 아틀라스가 만들어졌고, 아틀라스 생성기에 선택된 상태로 있다. 현재 이 안에는 아무 것도 없다. 무언가를 채워 넣어야 한다.

필요하다면 아틀라스를 여러 개 만들 수도 있다. 그러나 여러 아틀라스를 동시에 렌더링하면, 그만큼 드로우콜도 증가한다.

스프라이트 추가

Game 아틀라스에 스프라이트를 추가한다. 이 책에서는 다음 세 가지 스프라이트를 추가한다.

- 심플 스프라이트: 이름이 말해주듯, 화면에 그려지는 단순한 이미지를 지칭한다.
- 슬라이스 스프라이트: 이미지를 9조각으로 나눈다. 모서리가 늘어나는 현상 없이 이미지 크기를 바꿀 수 있다.
- 타일 스프라이트: 타일링되는 패턴이 무한히 반복된다.

심플 스프라이트부터 시작한다.

심플 스프라이트

아이템의 아이콘으로 사용할 폭탄과 시계, 두 개의 스프라이트를 제작한다. 먼저 스프라이트를 만들고, 그것을 Game 아틀라스에 추가한다.

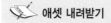
자신만의 스프라이트를 만들고 싶으면 128×128 크기면 충분하다. 이미지는 알파값을 유지하기 위해 .png 파일을 사용한다. 그냥 .psd 파일을 사용해도 무방하다. 유니티 프로젝트로 불러오면 적절한 포맷으로 알아서 변환된다.

아틀라스에 스프라이트 추가

폭탄과 시계 이미지가 준비됐으면 프로젝트 뷰에서 Textures라는 폴더를 만들고, 그 안으로 옮긴다.

1. NGUI ﹥ OPEN ﹥ Atlas Maker를 선택해서 아틀라스 생성기를 연다.

2. 다음 그림처럼 Game 아틀라스가 선택된 상태인지 확인한다.

3. Textures 폴더에 있는 Bomb과 Time 텍스처를 선택한다.

4. 아틀라스 생성기에 있는 Add/Update All 버튼을 누른다.

두 개의 텍스처가 아틀라스에 추가됐다.

아이템 아이콘

씬에 있는 Time과 Bomb 프리팹에 아이콘을 추가한다.

1. 계층 뷰에서 PowersContainer 〉 Grid 〉 Bomb 하위에 있는 Background 게임오브젝트를 선택한다.
   1. 게임오브젝트를 복사한다.
   2. 팝업창이 떠서 프리팹 연결이 끊어진다는 경고를 하면 Continue 버튼을 누른다.
   3. 이름을 Icon으로 바꾼다.
   4. UISprite 컴포넌트에서 Sprite Type을 Simple로 바꾼다.
   5. Depth 값을 6으로 바꿔 Background 위에 렌더링되게 한다.
2. UISprite 컴포넌트에서 Atlas 버튼을 누르고, 팝업창이 뜨면 바로 앞에서 생성한 Game 아틀라스를 선택한다.

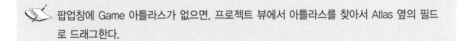
팝업창에 Game 아틀라스가 없으면, 프로젝트 뷰에서 아틀라스를 찾아서 Atlas 옆의 필드로 드래그한다.

3. UISprite 컴포넌트에서 Sprite 버튼을 누르고, Bomb 스프라이트를 선택한다.
4. Bomb 하위의 Label 게임오브젝트를 삭제한다. 아이콘과 툴팁이면 충분하다.
5. Grid 하위의 Bomb 게임오브젝트를 선택한다.
6. 인스펙터 상단의 Apply 버튼을 눌러 변경된 내용을 프리팹에 반영한다.

이제 Bomb 프리팹은 아이콘이 적용된 상태로 수정됐다. 그럼 시계 아이템에도 아이콘을 추가한다.

1. Bomb 하위의 Icon 게임오브젝트를 선택한다.
   1. 복사한다.

2. 복사한 게임오브젝트를 Time 게임오브젝트로 드래그한다.

3. Transform의 위치 값을 0, 0, 0으로 바꾼다.

4. Sprite 파라미터에서 Time 스프라이트를 선택한다.

5. Dimensions에 75, 75를 입력한다.

2. Time 하위의 Label 게임오브젝트를 삭제한다. 아이콘과 툴팁이면 충분하다.

3. Grid 하위의 Time 게임오브젝트를 선택한다.

4. 인스펙터 상단의 Apply 버튼을 눌러 변경된 내용을 프리팹에 반영한다.

잘했다! 드디어 아이템에 아이콘이 생겼다.

선택된 아이템 아이콘

선택된 상태의 아이템인 SelectedBomb과 SelectedTime 프리팹에도 아이콘을 추가한다.

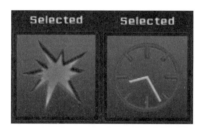

1. 프로젝트 뷰에 있는 SelectedBomb 프리팹을 Surface 게임오브젝트로 드래그한다.

2. 계층 뷰에서 Bomb 하위에 있는 Icon 게임오브젝트를 선택한다.

   1. 복사한다.

   2. 복사한 게임오브젝트를 SelectedBomb 게임오브젝트로 드래그한다.

   3. Transform의 위치 값을 0, 0, 0으로 바꾼다.

4. Depth 값을 5로 설정한다.

5. Dimensions를 120, 120으로 설정한다.

3. SelectedBomb 하위의 Label 게임오브젝트를 삭제한다.

4. Surface 하위의 SelectedBomb 게임오브젝트를 선택한다.

1. 인스펙터 상단의 Apply 버튼을 눌러 변경된 내용을 프리팹에 반영한다.

2. SelectedBomb 게임오브젝트를 씬에서 삭제한다.

이번에는 SelectedTime 프리팹을 처리한다.

1. 프로젝트 뷰에 있는 SelectedTime 프리팹을 Surface 게임오브젝트로 드래그한다.

2. 계층 뷰에서 Time 하위에 있는 Icon 게임오브젝트를 선택한다.

1. 복사한다.

2. 복사한 게임오브젝트를 SelectedTime 게임오브젝트로 드래그한다.

3. Transform의 위치 값을 0, 0, 0으로 바꾼다.

4. Depth 값을 5로 설정한다.

5. Dimensions를 100, 100으로 설정한다.

3. SelectedTime 하위의 Label 게임오브젝트를 삭제한다.

4. Surface 하위의 SelectedTime 게임오브젝트를 선택한다.

1. 인스펙터 상단의 Apply 버튼을 눌러 변경된 내용을 프리팹에 반영한다.

2. SelectedTime 게임오브젝트를 씬에서 삭제한다.

선택된 아이템에도 아이콘을 추가했다. 이제 아홉 조각으로 잘린 슬라이스 스프라이트를 만들고, 설정하는 방법을 익힐 차례다.

슬라이스 스프라이트

이 책에서는 지금까지 Dark라는 이름의 스프라이트를 계속 사용해왔다. 이

제는 새로운 스프라이트를 만들고, 그 스프라이트를 이용해서 메인 메뉴의
모습을 다음과 같이 바꾼다.

아틀라스에 스프라이트 추가

슬라이스 스프라이트를 만들기 위해서는 Dark 스프라이트처럼 16×16 크
기 정도의 정사각형 스프라이트를 사용하면 된다. 그러나 큰 모서리가 필요
하거나 세부적 형태가 많다면 더 큰 텍스처를 사용해도 무방하다. 첨부한 파
일에 있는 Window.png는 64×64 크기다.

메뉴의 창에 사용할 스프라이트가 준비됐으면 프로젝트 뷰의 Textures
폴더 안에 저장한다. 첨부한 파일을 사용할 거라면 Window.png 파일을
Textures 폴더로 옮긴다.

1. NGUI ▶ OPEN ▶ Atlas Maker를 선택해서 아틀라스 생성기를 연다. Game
   아틀라스가 선택된 상태인지 확인한다.

2. 프로젝트 뷰의 Textures에 있는 Window.png를 선택한다.

3. 아틀라스 생성기에 있는 녹색의 Add/Update All 버튼을 누른다.

Window.png가 Game 아틀라스에 추가됐다. 그러나 아직 슬라이스 스프라이트로 설정되지는 않았다.

슬라이스 스프라이트 설정

Window 스프라이트가 추가됐다. 이 스프라이트를 슬라이스 스프라이트로 설정하기 위해서는 UIAtlas 컴포넌트로 가야 한다.

계층 뷰에서 Powers 하위의 Background 게임오브젝트를 선택한다.

1. UISprite 컴포넌트에 있는 Atlas 파라미터에서 Game을 선택한다.

2. Sprite에서 Window 스프라이트를 선택한다.

3. Sprite 필드 옆의 Edit 버튼을 누른다.

스프라이트의 파라미터 창이 인스펙터에 열린다. 여기서 스프라이트의 Dimensions, Border, Padding을 설정한다. 스프라이트를 아홉 조각으로 나누는 경계를 정의하는 Border 파라미터를 다음과 같이 설정한다.

스프라이트를 직접 만들었다면, 위에서 설정한 Border 값이 다를 수 있다.

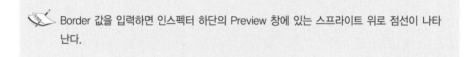

Border 값을 입력하면 인스펙터 하단의 Preview 창에 있는 스프라이트 위로 점선이 나타난다.

다음 그림처럼 Window 스프라이트가 나뉜다. Preview 창에서 이 모습을 확인할 수 있다.

적절한 Border 값을 입력했다면, 녹색의 Return to Background 버튼을 눌러 스프라이트로 돌아간다.

슬라이스 스프라이트가 준비됐다. 그에 맞게 메뉴의 모습을 수정해야 한다. 계층 뷰에서 Powers 하위의 TitleLabel 게임오브젝트를 선택한다. UIAnchor 컴포넌트로 가서 Pixel Offset에 0, 177을 입력한다.

잘했다. 첫 슬라이스 스프라이트를 설정했고, 아이템 상자의 배경을 교체했다.

메인 메뉴 창

이번에는 Window 스프라이트를 Main Menu에 적용한다. 계층 뷰에서 Container 하위의 Window 게임오브젝트를 선택한다.

1. UISprite 컴포넌트에 있는 Atlas 파라미터에서 Game을 선택한다.
2. Sprite에서 Window 스프라이트를 선택한다.

스프라이트가 변경된다. 그런데 타이틀 바의 위치가 어색해 보인다.

1. Container 하위의 Title 게임오브젝트를 선택한다. UIAnchor의 Pixel Offset 에 0, 10을 입력한다.
2. Title 하위의 Background 게임오브젝트를 찾아서 비활성화한다.
3. Container 하위의 Background 게임오브젝트를 선택한다.
   1. UIStretch 컴포넌트의 Relative Size에 1, 0.95를 입력한다.
   2. UIAnchor 컴포넌트의 Pixel Offset에 0, −17을 입력한다.

메인 메뉴의 모습이 한결 좋아졌다. 별명 입력 상자의 배경을 직접 바꿔봐도 좋다. 아니면 첨부 파일에 있는 Button.png 파일을 이용해서 버튼의 모습을 바꿀 수도 있다.

 Button.png는 버튼 외에도 알림 메시지나 툴팁 같은 다른 창의 배경으로도 사용할 수 있다.

타일 스프라이트

타일 스프라이트를 이용해서 Game 씬의 배경을 바꾼다.

첨부 파일에 있는 Space.jpg 파일을 사용하거나, 256×256 크기의 타일링 가능한 텍스처를 직접 만들어 사용해도 좋다. Space.jpg 파일을 프로젝트 뷰의 Textures 폴더로 옮긴다.

1. Game 씬을 연다.

2. NGUI ▶ OPEN ▶ Atlas Maker를 선택해서 아틀라스 생성기를 연다.

   1. 프로젝트 뷰의 Textures에 있는 Space.jpg를 선택한다.

   2. 아틀라스 생성기에 있는 녹색의 Add/Update All 버튼을 누른다.

Space.jpg 파일이 Game 아틀라스에 추가됐다. 실제 우주에 있는 것 같은 모습을 연출하기 위해 Game 씬의 배경을 바꾼다.

1. Viewport 하위의 Background 게임오브젝트를 선택한다.

2. UISprite 컴포넌트의 Atlas 파라미터에서 Game 아틀라스를 선택한다.

3. Sprite에서 Space 스프라이트를 선택한다.

4. Sprite Type이 Tiled인지 확인한다.

5. Color를 R = 140, G = 200, B = 200, A = 255로 설정한다.

배경이 작은 별이 있는 우주의 모습으로 변했다. 그럼 이번에는 폰트를 추가한다.

폰트 추가

NGUI에서는 최적화를 위해 트루타입 폰트true type font 대신 비트맵을 사용하는 경우가 많다. 비트맵을 사용하기 위해서는 AngelCode가 개발한 BMFont라는 툴을 이용해서 ttf나 otf 폰트를 비트맵으로 변환해야 한다.

폰트를 추출한 비트맵 파일 외에도 비트맵 파일 상에서 각 문자의 위치 정보를 담은 txt 파일도 필요하다. BMFont는 http://www.angelcode.com/products/bmfont/에서 내려받을 수 있으며, 무료 폰트는 www.openfontlibrary.org에서 구할 수 있다.

이 책에서는 대니얼 존슨Daniel Johnson이 만든 파카야Pacaya 폰트를 사용한다. 이 폰트는 첨부 파일에 들어있다. 먼저 BMFont를 내려 받아 설치한다. 그 다음 파일 탐색기에서 Pacaya.otf 폰트 파일을 마우스 오른쪽 버튼으로 클릭하고, 메뉴를 통해 운영 체제에 설치한다.

BMFont

Pacaya 폰트가 설치됐으면 BMFont를 실행한다. Options › Font Settings로 간다. Font 필드에서 Pacaya 폰트를 선택한다. Size 필드에 24를 입력하고, OK 버튼을 누른다.

화면 오른쪽에 문자 그룹이 있다. 맨 위에 있는 Latin + Latin Supplement 앞의 체크 박스를 선택한다.

> 폰트 중 일부 문자만 선택해서 비트맵으로 만들 경우, 빈 칸을 반드시 포함한다. 스페이스 바로 빈 칸을 만들 때 사용하게 된다.

Options › Export Options으로 간다. Bit depth는 반드시 32로 설정한다. 나머지 확인할 부분은 비트맵 파일의 크기를 결정하는 Width와 Height 필드다. OK 버튼을 누른다.

현재 비트맵의 크기가 충분한지 확인하려면 Option › Visualize로 간다. 다음 그림과 같은 Preview 창이 뜬다.

Preview 창에서 붉은 색은 사용되지 않는 영역을 의미한다. 현재는 많은 영역
이 낭비되고 있다. 충분한 문자 크기를 유지하면서, 비트맵의 크기를 줄여서
붉은 색 영역을 최대한 줄여야 한다.

비트맵 크기가 너무 작으면 모든 문자를 제대로 담을 수 없다. Preview 창의
타이틀 바를 보면 Preview : 1/1이라고 써있다. 폰트가 한 장의 비트맵에 모
두 들어가 있다는 의미다. 만약 Preview : 1/2이라고 써있다면, 폰트가 두 장
의 비트맵에 나뉘져 있다는 얘기다. 이럴 경우는 비트맵의 크기를 늘려서
Preview : 1/1이 되도록 맞춰야 한다. Options › Export Options로 가서 Width와
Height 필드에 256, 128을 입력한 다음 Preview 창으로 확인한다. 필요한 문자
가 줄어든 비트맵에 모두 들어가 있음을 확인할 수 있다.

 최적화를 위해 비트맵의 크기는 2의 승수를 사용하는 것이 좋다.

Options ▸ Export Options로 간다. R, G, B 채널에 one을 사용하고, 알파 채널에 glyph를 사용하기 위해 Presets 필드에서 White text with alpha를 선택한다.

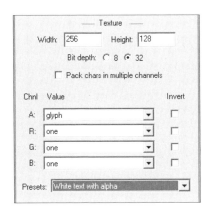

설정이 모두 끝났으면 Options ▸ Save bitmap font as…로 간다. 대화창이 뜨면 파일 이름을 Pacaya로 하고 저장 버튼을 누른다. 두 개의 파일이 생성된다. .fnt라는 확장자가 붙은 파일과 Pacaya_0.tga라는 비트맵 파일이다.

> .fnt 파일 당 하나의 .tga 파일이 있어야 한다. 만약 .tga 파일이 두 개 이상 생긴다면 비트맵의 사이즈가 너무 작은 것이다. 하나의 비트맵 파일만 생성되도록 옵션을 조절한다.

프로젝트 뷰에서 Fonts 안에 Sources라는 폴더를 만들고 생성된 두 개의 파일을 그곳으로 옮긴다.

NGUI 폰트 설정

폰트 파일이 준비됐다. 이제 NGUI가 사용할 수 있도록 폰트를 처리한다.

유니티로 돌아가 다음 단계를 거친다.

1. NGUI ▸ Open ▸ Font Maker로 가서 폰트 생성기를 연다.

2. 프로젝트 뷰에서 Fonts ﹥ Sources 폴더로 간다.

3. Type에서 Bitmap을 선택한다.

4. Pacaya.fnt를 폰트 생성기의 Font Data 필드로 드래그한다.

5. Pacaya_0.tga를 폰트 생성기의 Texture 필드로 드래그한다.

6. Font Name 필드에 Pacaya를 입력한다.

7. Atlas 버튼을 누르고 Game 아틀라스를 선택한다.

> 폰트를 변환한 비트맵이 Game 아틀라스에 추가됨을 의미한다. 그 결과 레이블에서 이 폰트를 사용해도 별도의 드로우콜이 발생하지 않는다.

8. 프로젝트 뷰에서 Fonts ﹥ Sources 폴더를 선택한다.

9. 녹색의 Create the Font 버튼을 누른다.

Sources 폴더 안에 Pacaya 프리팹이 생성된다. NGUI가 폰트를 그리기 위해 필요한 것이 바로 이 프리팹이다.

프로젝트 뷰에서 Pacaya 프리팹을 선택한 다음 Fonts 폴더로 옮긴다. 프리팹을 찾기 어려우면 프로젝트 뷰 상단의 검색 상자를 이용한다.

폰트 적용

새로 만든 폰트를 적용할 차례다.

1. Menu 씬을 연다.

2. MainMenu ﹥ Container ﹥ Nickname ﹥ Input 하위에 있는 Label 게임오브젝트를 선택한다.

    1. UILabel 컴포넌트에서 Font 버튼을 누른다.

    2. Pacaya 폰트를 선택한다.

최근 사용한 폰트 목록에 새로 생성한 폰트가 없을 수 있다. 이럴 경우는 프로젝트 뷰에서 폰트 프리팹을 찾아서 Font 필드로 직접 연결한다.

프로젝트에 새로운 폰트를 추가했고, 이를 레이블에 적용했다.

스프라이트와 폰트 변경

현재 메인 메뉴의 배경으로 보이는 메인 카메라의 푸른색 Background 색상이 마음에 들지 않는다. 카메라의 Background 색상을 검정색으로 바꾼다. 그다음 우주 느낌을 낼 수 있는 타일 스프라이트를 추가한다.

1. UI Root 하위의 MainMenu 게임오브젝트를 선택한다. NGUI ▶ Create ▶ Sprite로 가서 스프라이트를 자식으로 생성한다(Alt + Shift +S를 눌러도 된다.).

2. MainMenu 하위의 Sprite 게임오브젝트를 선택한다.

    1. 이름을 Space로 바꾼다.

    2. Atlas에서 Game 아틀라스를 선택한다.

    3. Sprite에서 Space 스프라이트를 선택한다.

    4. Sprite Type 파라미터를 Tiled로 바꾼다.

3. Component ▶ NGUI ▶ UI ▶ Stretch로 가서 UIStretch 컴포넌트를 추가한다.

4. UIStretch 컴포넌트에서 Style 파라미터를 Both로 설정한다.

그런데 Space 스프라이트가 반복되는 경계마다 지저분한 흔적이 보인다. Space 스프라이트 외곽에 1픽셀 너비의 경계가 있기 때문이다. Border 값을 1픽셀 줄이면 이 문제를 쉽게 해결할 수 있다.

MainMenu 하위의 Space 게임오브젝트를 선택한다. Sprite 필드 옆의 Edit 버튼을 클릭한다.

Border 파라미터의 네 개 필드에 각각 1을 입력한다.

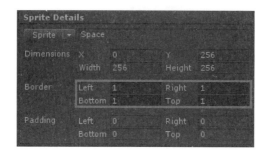

문제가 해결됐다. 이제 타일 스프라이트가 경계의 흔적 없이 깨끗하게 그려진다.

자신만의 스프라이트와 폰트를 추가하는 방법을 배웠다. 이제 MainMenu의 각 요소를 자신의 취향에 맞게 바꾸고 개선할 수 있다. 자신이 원하는 대로 스프라이트를 추가하고, 색상을 바꿔보자.

Window와 Button 스프라이트만으로도 다음과 같은 모습을 만들 수 있다.

메뉴의 모습을 바꾸는 과정에서 UI 요소의 위치와 크기가 변할 수 있다. 이때는 Transform의 위치 값을 수정하는 대신, UIAnchor의 Pixel Offset을 사용한다. Dimensions도 마찬가지다. 스프라이트 원본의 픽셀을 유지하기 위해서는 Transform의 크기 값을 사용하지 않는다.

요약

6장에서는 새로운 아틀라스를 생성하고, 심플, 슬라이스, 타일 스프라이트를 추가하는 방법을 배웠다. 그리고 새로운 스프라이트를 이용해서 아이템과 메인 메뉴의 모습을 개선했다.

BMFont를 이용해서 폰트를 비트맵으로 저장하고, NGUI가 사용할 수 있는 폰트 프리팹을 만드는 방법도 살펴봤다.

마지막 7장으로 넘어가기 전에 자신이 원하는 모습으로 메인 메뉴를 바꿔본다.

7
NGUI 게임

7장에서는 NGUI를 이용해서 간단한 게임을 만든다. 이를 통해 NGUI에 대한 이해와 응용 능력을 확인할 수 있다.

이와 함께 게임 규칙을 구현하는 방법을 간단하게 살펴본다. 게임 규칙은 다음과 같다.

1. 적이 스크롤 뷰포트의 상단에서 밑으로 내려온다.

2. 플레이어는 뷰포트에 장애물을 드래그앤드롭 방식으로 배치한다. 적이 장애물과 충돌하면 장애물과 함께 파괴된다.

3. 일부 적은 자폭 코드를 갖고 있다. 플레이어가 적을 클릭해서 해킹을 시작한다. 해킹이 끝나면 자폭 코드가 적 윗부분에 출력된다.

4. 자폭 코드가 있는 적을 파괴하기 위해서는 플레이어가 키보드로 코드를 입력해야 한다.

이 밖에도 플레이어의 HP를 표시하는 바를 만든다. 적이 화면 하단에 도달하면 HP가 낮아진다. 완성된 게임의 모습이다.

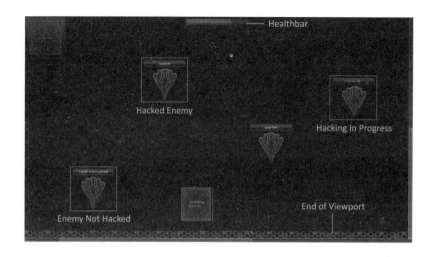

적 생성

이 게임은 뷰포트 상단에 적을 생성한다. 생성되는 모든 적의 위치 값 Y는 동일하다. 그러나 X 값은 무작위로 결정된다.

먼저 Game 씬을 연다.

컨테이너

적들은 배경 좌측 상단에 자리잡은 일종의 컨테이너의 자식으로 생성된다. 이렇게 하면 적의 좌표가 0, 0일때 화면 좌측 상단에 위치하게 된다.

적들이 담길 컨테이너를 만든다.

1. Viewport 게임오브젝트를 선택한다.
    1. Alt + Shift + N을 눌러 새로운 게임오브젝트를 자식으로 생성한다.
    2. 이름을 Enemies로 바꾼다.

2. Enemies 게임오브젝트가 선택된 상태에서 Component ▶ NGUI ▶ UI ▶ Anchor로 가서 UIAnchor 컴포넌트를 추가한다.

    1. Viewport 하위의 Background 게임오브젝트를 Container 필드로 드래그한다.

    2. Side를 TopLeft로 설정한다.

적 프리팹의 인스턴스를 생성할 컨테이너를 만들었다.

적 프리팹

컨테이너 역할을 하는 Enemies 게임오브젝트에 자식으로 적 인스턴스를 생성한다. 이때 원본으로 사용할 적 프리팹을 만든다. 본격적으로 작업을 시작하기 전에 첨부 파일에 있는 Enemy.png 스프라이트를 Game 아틀라스에 추가한다. 또는 128×160 크기의 스프라이트를 직접 만들어 추가한다. 한편 적과 장애물간의 충돌은 리지드바디Rigidbody를 이용해서 감지한다.

Enemy.png 스프라이트를 Game 아틀라스에 추가했으면, 다음 단계대로 진행한다.

1. Viewport 게임오브젝트를 선택한다.

    1. Alt + Shift + N을 눌러서 새로운 게임오브젝트를 자식으로 생성한다.

    2. 새로운 게임오브젝트의 이름을 Spaceship으로 바꾼다.

2. Spaceship 게임오브젝트를 선택한다.

3. NGUI ▶ Attach ▶ Collider를 선택해서 Box Collider를 추가한다.

    1. 충돌을 감지하기 위해 Box Collider 컴포넌트에서 Is Trigger 옵션을 해제한다.

    2. Box Collider 컴포넌트에서 Size를 128, 160, 1로 설정한다.

4. Component ▶ Physics ▶ Rigidbody를 선택해서 Rigidbody 컴포넌트를 추가한다.

1. Use Gravity 옵션을 해제한다.

2. Is Kinematic 옵션을 체크한다.

3. Constraints에 있는 Freeze Position과 Freeze Rotation을 모두 체크한다. 원치 않는 움직임을 피하기 위해서다.

5. Spaceship 게임오브젝트가 선택된 상태로 NGUI ▶ Create ▶ Sprite를 선택해서 새로운 스프라이트를 자식으로 생성한다.

1. UISprite 컴포넌트에서 Sprite로 Enemy를 선택한다.

2. Dimensions를 128, 160으로 바꾼다.

3. Depth 값을 1로 설정한다.

6. Spaceship 게임오브젝트를 프로젝트 뷰로 드래그해서 프리팹으로 만든다.

7. 씬에 있는 Spaceship 게임오브젝트를 삭제한다.

Enemy 프리팹을 준비했다. 이제 적을 초기화하고 움직임을 제어하는 스크립트를 작성한다.

1. 프로젝트 뷰에서 Spaceship 프리팹을 선택한다.

2. EnemyController.cs라는 새로운 스크립트를 생성한 뒤, 프리팹에 추가한다.

3. EnemyController.cs 스크립트를 연다.

Initialize() 함수는 적이 화면 밖에서 X축 상에서 랜덤한 위치 값을 갖고 생성되게 만든다. 또한 플롯 타입의 인자를 통해서 트윈의 지속 시간을 전달한다.

```
public void Initialize(float _movementDuration)
{
    // Viewport의 Background 사이즈를 구한다.
    Vector2 bgSize =
        transform.parent.parent.FindChild("Background").GetComponent
            <UISprite>().localSize;
```

```
    // 적 스프라이트의 크기를 구한다.
    Vector2 spriteSize =
        transform.FindChild("Sprite").GetComponent<UISprite>().
            localSize;
    // 위치 값 X는 화면 넓이 안에서 렌덤하게 정한다. 위치 값 Y는 공통적으로
    // 적 높이의 절반에 -1을 곱한 값을 사용한다.
    transform.localPosition = new Vector3(Random.Range(spriteSize.x
        *0.5f, bgSize.x - (spriteSize.x *0.5f)), -(spriteSize.y *0.5f),0);
    // 트윈을 이용해서 화면 하단으로 이동한다.
    TweenPosition.Begin(gameObject, _movementDuration,
        new Vector3(transform.localPosition.x, -bgSize.y + (spriteSize.
            y * 0.5f), 0));
}
```

앞의 코드에서 spriteSize.x * 0.5f를 사용한 이유는 적의 피봇이 중앙에
위치하기 때문이다. 적의 크기를 감안해서 랜덤 값에 의해 생성된 적이 화면
끝 부분에 걸쳐지는 것을 피하기 위해서다.

_movementDuration 파라미터는 적이 화면 상단에서 하단으로 이동하는 데
걸리는 시간을 정의한다. 즉 속력을 결정한다. 10을 사용할 경우, 적이 화면
하단에 도달하는 데 10초가 걸린다는 의미다.

현 단계에서 계층 뷰의 모습은 다음과 같다.

적 생성 제어

게임을 완성하려면 적의 생성 속도를 제어하고, 원하는 시점에 적을 생성하도록 제어하는 스크립트가 필요하다.

1. Viewport 하위에 있는 Enemies 게임오브젝트를 선택한다.

2. EnemySpawnController.cs라는 스크립트를 새로 만들어 추가한다.

3. EnemySpawnController.cs 스크립트를 연다.

SpawnEnemy()라는 코루틴을 만든다. 이 코루틴은 랜덤한 간격으로 Spaceship 프리팹의 인스턴스를 생성한다. 이 때 올바른 위치와 트윈 지속 시간을 지정해서 적을 초기화한다.

```
// 인스턴스의 원본이 되는 적 프리팹이 필요하다.
public Object enemyPrefab;
// 랜덤한 값을 만들기 위한 변수
public int firstEnemyDelay = 1;
// 적 생성 사이의 랜덤한 시간차를 만들기 위한 최소값과 최대값
public float minInterval = 4;
public float maxInterval = 15;
// 적의 이동 속도를 랜덤하게 만들기 위한 최소값과 최대값
public float minMovementTime = 20;
public float maxMovementTIme = 50;
```

이 변수들은 적을 제어하기 위해 사용할 랜덤한 값을 위한 것이다. 나중에 인스펙터에서 이 값을 바꿀 수 있다. 먼저 enemyPrefab 변수를 지정한다. 유니티로 돌아간다.

1. Viewport 하위의 Enemies 게임오브젝트를 선택한다.
2. 프로젝트 뷰에서 Spaceship 프리팹을 찾아서 Enemy Spawn Controller 컴포넌트의 Enemy Prefab 필드로 드래그한다.

필요한 변수가 모두 초기화 됐다. EnemySpawnController.cs 스크립트로 돌아가서 SpawnEnemy()란 이름의 코루틴을 추가한다.

```
// 코루틴으로 적을 생성한다.
IEnumerator SpawnEnemy()
{
    // 첫 생성에 앞서 지연될 시간은 firstEnemyDelay의 값을 사용한다.
    float delay = firstEnemyDelay;
    // 게임이 진행되는 동안 루프(Loop)문을 실행한다.
    while(true){
        // 지정된 시간만큼 기다린다.
        yield return new WaitForSeconds(delay);
        // 적을 생성하고, EnemyController를 저장한다.
        EnemyController newEnemy =
            NGUITools.AddChild(gameObject, enemyPrefab as
                GameObject).GetComponent<EnemyController>();
        // 랜덤한 이동 속도를 지정해서 적을 초기화한다.
        newEnemy.Initialize(Random.Range (minMovementTime,
            maxMovementTIme));
        // 생성 사이에 사용할 랜덤한 시간차를 설정한다.
        delay = Random.Range(minInterval, maxInterval);
    }
}
```

적을 생성하는 코루틴을 작성했다. 게임이 시작할 때 이 코루틴을 호출하면
된다. Start() 함수에서 이 부분을 처리할 수 있다. SpawnEnemy() 밑에 다음
Start() 함수를 추가한다.

```
void Start ()
{
    // 적을 생성한다.
    StartCoroutine(SpawnEnemy());
}
```

스크립트를 저장하고, 게임을 실행한다. firstEnemyDelay에서 지정한 시간이
경과하면 첫 번째 적이 생성된다. 그 다음부터는 랜덤한 위치 값 X, 랜덤한
간격, 랜덤한 속도로 적이 생성된다.

서너 개의 적과 장애물이 드롭된 상태의 계층 뷰의 모습은 다음과 같다.

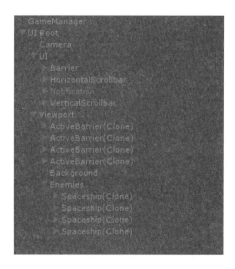

생성된 적은 밑으로 이동한 후, 다음 그림과 같이 뷰포트 하단에 멈춘다.

뷰포트로 이벤트 전달

적이 생성돼서 움직이게 만들었다. 그러나 문제가 남아있다. 적이 있는 곳을 클릭하면 뷰포트를 드래그할 수 없다. 앞서 장애물을 설치하며 동일한 문제를 경험했다.

Spaceship 프리팹에 UIForwardEvents 컴포넌트를 추가해서 문제를 해결한다.

1. 프로젝트 뷰에서 Spaceship 프리팹을 선택한다.

2. Component ▶ NGUI ▶ Interaction ▶ Forward Events를 선택해서 UIForward Events 컴포넌트를 추가한다.

    1. OnPress 옵션을 체크한다.

    2. OnDrag 옵션을 체크한다.

3. 연결된 EnemyController.cs 스크립트를 연다.

Initialize() 함수의 끝부분에 다음 코드를 추가한다.

```
// UIForwardEvents의 Target으로 Viewport를 지정한다.
GetComponent<UIForwardEvents>().target =
    transform.parent.parent.gameObject;
```

이제 적 위를 클릭할 경우에도 뷰포트를 드래그할 수 있다. 그럼 적과 장애물의 충돌 부분을 처리한다.

충돌 처리

적과 드롭된 장애물 사이의 충돌을 처리한다. Spaceship 프리팹에는 Rigidbody 컴포넌트가 추가돼 있다. 따라서 Spaceship이 ActiveBarrier 게임오브젝트의 충돌체와 부딪히면, OnTriggerEnter() 이벤트를 호출한다.

ActiveBarriers와 적 간의 충돌을 처리한 다음에는 뷰포트 하단에도 충돌체를 추가한다. 이 충돌체를 이용해서 적이 화면 하단에 도착할 때 플레이어의 HP를 감소시킨다.

장애물 충돌 처리

가장 먼저 장애물의 충돌체를 비활성화한다. 장애물이 완성된 다음에 충돌체를 활성화하게 만든다.

1. 프로젝트 뷰에서 ActiveBarrier 프리팹을 선택한다.

2. 인스펙터에서 Box Collider 컴포넌트를 비활성화한다.

3. 연결돼 있는 ActiveBarrierController.cs 스크립트를 연다.

4. built라는 불리언 타입의 변수를 선언한다. 이 변수는 장애물이 완성됐는지 여부를 알려준다. UISlider와 UILocalize 변수 뒤에 다음 변수를 추가한다.

   ```
   private bool built = false;
   ```

5. BuildFinished() 함수 마지막에 다음 코드를 추가한다.

   ```
   // 장애물이 완성되면 built 변수를 참으로 하고, 충돌체를 활성화한다.
   built = true;
   collider.enabled = true;
   ```

6. 이제 완성된 장애물에만 충돌체가 활성화된다. HitByEnemy() 함수를 추가한다. 이 함수는 충돌한 적을 인자로 받는다. 그 다음 장애물과 충돌한 적을 모두 제거한다.

   ```
   public void HitByEnemy(EnemyController enemy)
   {
       // 장애물이 완성되지 않았다면 더 이상 함수를 실행하지 않는다.
       if(!built) return;
   ```

```
    // 완성된 상태에서 충돌했다면, 적을 파괴한다.
    StartCoroutine(enemy.Kill());
    // 장애물도 파괴한다.
    StartCoroutine(RemoveBarrier());
}
```

7. 두 개의 코루틴을 작성한다. 하나는 적을 파괴하는 것이고, 다른 하나 는 장애물을 제거하는 것이다. 장애물을 파괴하는 RemoveBarrier()부 터 작성한다.

```
IEnumerator RemoveBarrier()
{
    // 트윈을 이용해서 부드럽게 사라지는 효과를 연출한다.
    TweenScale.Begin(gameObject, 0.2f, Vector3.zero);
    // 장애물이 파괴됐음을 알린다.
    transform.parent.SendMessage("BarrierRemoved");
    // 트윈이 끝나길 기다려 장애물을 제거한다.
    yield return new WaitForSeconds(0.2f);
    Destroy(gameObject);
}
```

장애물을 제거하기에 앞서, 트윈을 이용해서 장애물을 축소한다. 그리 고 ActiveBarriers 게임오브젝트의 부모인 Viewport로 메시지를 보내서 barrierCount를 감소시킨다.

8. ViewportHolder.cs 스크립트에 BarrierRemoved() 함수를 추가한다. 계 층 뷰에서 Viewport 게임오브젝트를 선택하고, 연결된 ViewportHolder. cs 스크립트를 연다.

9. ViewportHolder.cs 스크립트에 BarrierRemoved() 함수를 추가한다.

```
void BarrierRemoved()
{
    // barrierCount의 값을 감소시킨다.
    barrierCount--;
}
```

10. 이제 장애물이 파괴되면, 곧바로 barrierCount 값이 갱신된다. 그럼 EnemyController.cs 스크립트를 열고, Kill() 코루틴을 추가한다.

```
public IEnumerator Kill()
{
    // 트윈을 이용해서 부드럽게 사라지는 효과를 연출한다.
    TweenScale.Begin(gameObject, 0.2f, Vector3.zero);
    // 충돌체를 비활성화한다.
    collider.enabled = false;
    // 트윈이 끝나길 기다려 적을 제거한다.
    yield return new WaitForSeconds(0.2f);
    Destroy(gameObject);
}
```

11. 수고했다! 코루틴과 함수가 모두 준비됐다. 이제 충돌이 발생했을 때, ActiveBarrier 게임오브젝트에서 HitByEnemy() 함수를 호출하면 된다.

12. EnemyController.cs 스크립트에 OnTriggerEnter() 함수를 추가한다. 이 함수는 적과 충돌한 대상이 장애물일 경우에만 호출된다.

```
void OnTriggerEnter(Collider other)
{
    // 충돌한 게임오브젝트에 있는 ActiveBarrierController
    // 컴포넌트를 저장한다.
    ActiveBarrierController barrierController =
        other.GetComponent<ActiveBarrierController>();
    // 충돌한 오브젝트가 장애물이면 HitByEnemy 함수를 호출한다.
    if(barrierController != null)
        barrierController.HitByEnemy(this);
}
```

13. 스크립트를 모두 저장하고, 게임을 실행한다.

적의 이동 경로에 장애물을 설치한다. 장애물이 완성된 다음에 적과 충돌하면, 장애물과 적이 모두 사라진다. 그러나 장애물이 완성되지 않은 상태에서는 아무 일도 벌어지지 않는다.

적이 장애물 안으로 들어온 상태에서 장애물이 완성된 경우에도 충돌이 일어난다. 완벽하다!

이제 플레이어는 장애물을 이용해서 적을 제거할 수 있다. 그럼 이번에는 적이 플레이어를 공격할 수 있게 만들어 보자.

화면 하단 충돌 처리

뷰포트 하단에 충돌체를 추가한다. 이를 통해 적이 화면 하단까지 도달했을 때 플레이어의 HP를 감소시킨다. 이 기능을 구현하기 전에 HP 바를 먼저 만든다.

HP 바

HP 바를 만들기 위해서는 첨부 파일에 있는 Button.png 파일이 필요하다. 본격적인 작업에 앞서 첨부 파일에 있는 Enemy.png 스프라이트를 Game 아틀라스에 추가한다.

그럼 진행 바 위젯을 이용해서 HP 바를 만들고, HealthController.cs라는 스크립트를 통해서 데미지와 HP를 표시한다.

1. 계층 뷰에서 UI Root 하위의 UI 게임오브젝트를 선택한다.
2. NGUI ▶ Open ▶ Widget Wizard로 가서 위젯 마법사를 연다.
    1. Atlas에서 Game 아틀라스를 선택한다.
    2. Template에서 Progress Bar를 선택한다.
    3. Empty에서 Button 스프라이트를 선택한다.
    4. Full에서 Button 스프라이트를 선택한다.
    5. UI 게임오브젝트가 선택된 상태로 Add To 버튼을 클릭한다.
3. Progress Bar 게임오브젝트의 이름을 Healthbar로 고친다.

4. Component ﹥ NGUI ﹥ UI ﹥ Anchor로 가서 UIAnchor 컴포넌트를 추가한다.

   1. Viewport 게임오브젝트를 UIAnchor 컴포넌트의 Container 필드로 드래그한다.

   2. UIAnchor 컴포넌트에서 Side를 Top으로 설정한다.

   3. Pixel Offset에는 -160, -30을 입력한다.

5. Healthbar 하위의 Background 게임오브젝트를 선택한다.

   1. UISprite 컴포넌트에서 Color를 R = 255, G = 120, B = 120, A = 140으로 바꾼다.

   2. Dimensions에 320, 42를 입력한다.

   3. Sprite Type은 Sliced로 설정한다.

   4. Sprite 필드 옆의 Edit 버튼을 누른다.

   5. UIAtlas 컴포넌트의 Border에서 네 개의 필드 모두에 6을 입력한다.

6. Healthbar 하위의 Foreground 게임오브젝트를 선택한다.

   1. UISprite 컴포넌트에서 Color를 R = 25, G = 245, B = 255, A = 255으로 바꾼다.

   2. Dimensions에 320, 42를 입력한다.

   3. Sprite Type은 Sliced로 설정한다.

HP 바가 화면 중앙 상단에 오도록 배치했다. 이제 스크립트를 추가해서 HP를 처리하고, 그 결과를 진행 바의 슬라이더에 반영하면 된다.

1. 계층 뷰에서 Healthbar 게임오브젝트를 선택한다.

2. HealthController.cs 스크립트를 생성해, 게임오브젝트에 추가한다.

HealthController.cs 스크립트에서는 정적 변수를 이용해서 HealthController 인스턴스의 참조를 저장한다. 그 결과 다른 스크립트에서도 손쉽게 HealthController에 접근할 수 있다. 우선 필요한 변수를 선언하고, Awake() 함수에서 초기화한다.

```
// 이 스크립트의 인스턴스를 저장할 정적 변수
public static HealthController Instance;
// 슬라이더와 현재 HP를 알아야 한다.
private UISlider slider;
private float hp = 100;
void Awake()
{
    // 정적 변수인 Instance에 현재 HealthController의 인스턴스를 저장한다.
    Instance = this;
    // 슬라이더 컴포넌트를 찾는다.
    slider = GetComponent<UISlider>();
}
```

필요한 변수가 모두 초기화됐다. HP를 감소시키고, 그에 따라 슬라이더를 갱
신하는 Damage() 함수를 작성한다.

```
public void Damage(float dmgValue)
{
    // HP를 지정한다. 단, 0과 100 사이 값으로 제한한다.
    hp = Mathf.Clamp(hp - dmgValue, 0, 100);
    // 슬라이더 value를 갱신한다. 슬라이더는 0과 1 사이의 값을 갖는다.
    slider.value = hp * 0.01f;
    // HP가 0 이하가 되면 레벨을 다시 시작한다.
    if(hp <= 0)
        Application.LoadLevel(Application.loadedLevel);
}
```

Damage() 함수가 준비됐다.

화면 하단 위젯

화면 하단에 위젯을 만들어서 적이 하단에 도달했는지 확인한다.

  1. 계층 뷰에서 Viewport 게임오브젝트를 선택한다.
     1. Alt + Shift + N을 눌러 새로운 게임오브젝트를 자식으로 생성한다.

2. 새로운 게임오브젝트의 이름을 EndOfScreen으로 바꾼다.

2. NGUI ▸ Attach ▸ Collider를 선택해서 Box Collider를 추가하고, Box Collider의 Size를 3840, 43, 1로 바꾼다.

3. Component ▸ NGUI ▸ UI ▸ Anchor로 가서 UIAnchor 컴포넌트를 추가한다.

   1. Viewport 하위의 Background 게임오브젝트를 UIAnchor 컴포넌트의 Container 필드로 드래그한다.

   2. Side 파라미터를 Bottom으로 설정한다.

   3. Pixel Offset에 0, 33을 입력한다.

4. 인스펙터 상단의 Tag 드롭다운 메뉴로 간다.

5. Add Tag를 통해 DamageZone이란 태그를 생성한다.

6. EndOfScreen 게임오브젝트를 선택한다.

7. Tag를 DamageZone으로 설정한다.

8. EndOfScreen가 선택된 상태에서 NGUI ▸ Create ▸ Sprite를 선택해서 스프라이트를 자식으로 생성한다.

   1. UISprite 컴포넌트의 Atlas에서 SciFi 아틀라스를 선택한다.

   2. Sprite에서 Honeycomb 스프라이트를 선택한다.

   3. Sprite Type은 Tiled로 설정한다.

   4. Color를 R = 255, G = 120, B = 120, A = 255로 바꾼다.

   5. Depth 값을 2로 바꾼다.

   6. Dimensions에 3840, 43을 입력한다.

스프라이트와 충돌체로 화면 하단에서 적을 감지하는 영역을 만들었다. EnemyController.cs의 OnTriggerEnter() 함수를 수정해서, 적과 충돌한 대상에 DamageZone 태그가 있는지 확인한다. 만약 그렇다면 플레이어의 HP를 감소시킨다.

1. 프로젝트 뷰에서 SpaceShip 프리팹을 선택하고, 연결된 EnemyController.

cs 스크립트를 연다.

2. OnTriggerEnter()의 첫 부분으로 가서 충돌한 대상에 DamageZone 태그가 있는지 확인하는 코드를 추가한다.

```
// 충돌한 오브젝트에 DamageZone 태그가 있는가?
if(other.CompareTag("DamageZone"))
{
    // 그렇다면 플레이어의 HP를 감소시킨다.
    HealthController.Instance.Damage(30f);
    // 적을 제거해서 뷰포트 밖으로 나가지 못하게 한다.
    StartCoroutine(Kill());
    return;
}
```

3. 스크립트를 저장하고 게임을 실행한다. 이제 적이 내려와 뷰포트 하단에 충돌하면 사라지게 된다. 그리고 그에 따라 플레이어의 HP가 감소한다.

이제 적을 파괴할 수 있는 또 다른 방법인 자폭 코드를 구현한다.

자폭 코드

화면에 장애물을 설치하는 것만으로는 부족하다. 자폭 코드를 입력해서 적을 제거할 수 있게 만든다.

적 중 일부에는 자폭 코드가 주어진다. 자폭 코드가 있는 적 위에는 Code Encrypted라는 메시지가 써있는 슬라이더가 붙는다.

플레이어가 자폭 코드를 가진 적을 클릭하면 해킹을 시작한다. 다음 그림처럼 해킹이 끝나면 빈 슬라이더에 어떤 단어가 나타난다. 이때 플레이어가 키보드에서 그 단어를 입력하면 적을 파괴할 수 있다.

해킹 슬라이더

Spaceship 프리팹 안에 해킹 슬라이더를 만든다.

1. 프로젝트 뷰에서 Spaceship 프리팹을 선택한다.

2. 계층 뷰의 Viewport 게임오브젝트로 드래그해서 자식으로 만든다.

3. NGUI › Open › Widget Wizard로 가서 위젯 마법사를 연다.

    1. Atlas에서 Game 아틀라스를 선택한다.

    2. Template에서 Progress Bar를 선택한다.

    3. Empty 필드에서 Button 스프라이트를 선택한다.

    4. Full 필드에서 Button 스프라이트를 선택한다.

4. Spaceship 게임오브젝트가 선택된 상태로 Add To 버튼을 누른다.

5. 새로운 Progress Bar 게임오브젝트가 생성된다.

    1. 이름을 DestructCode로 바꾼다.

    2. Transform의 위치 값을 –100, 100, 0으로 바꾼다.

    3. UISlider 컴포넌트에서 Value를 0으로 설정한다.

6. DestructCode 하위의 Background 게임오브젝트를 선택한다.

    1. UISprite 컴포넌트에서 Color를 R = 255, G = 140, B = 140, A = 255로 바꾼다.

    2. Depth 값을 2로 설정한다.

7. DestructCode 하위의 Foreground 게임오브젝트를 선택한다.

1. UISprite 컴포넌트에서 Color를 R = 50, G = 180, B = 220, A = 255로 바꾼다.

2. Depth 값을 3으로 설정한다

슬라이더가 준비됐다. Code Encrypted란 메시지를 표시하고, 해킹이 끝나면 자폭 코드를 보여줄 레이블을 추가한다.

1. 계층 뷰에서 DestructCode 게임오브젝트를 선택한다.

2. NGUI ▶ Open ▶ Widget Wizard로 가서 위젯 마법사를 연다.

    1. Font에서 SciFi Font - Normal을 선택한다.

    2. Template에서 Label을 선택한다.

3. Color를 R = 255, G = 215, B = 190, A = 255로 바꾼다.

3. DestructCode 게임오브젝트가 선택된 상태로 Add To 버튼을 누른다.

4. 새로 생성된 Label 게임오브젝트를 선택한다.

    1. Transform에서 위치 값을 100, 0, 0으로 설정한다.

    2. 텍스트를 Code Encrypted로 바꾼다.

    3. Overflow에서 ResizeFreely를 선택한다.

이제 계층 뷰와 Spaceship 게임오브젝트의 모습은 다음과 같다.

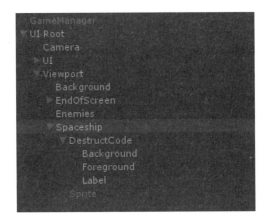

수정된 내용을 Spaceship 프리팹에 반영한다.

1. 계층 뷰에서 Spaceship 게임오브젝트를 선택한다.

2. 인스펙터 상단에서 Apply 버튼을 눌러 프리팹을 갱신한다.

3. 계층 뷰에서 Spaceship 게임오브젝트를 삭제한다.

해킹 상태를 표시할 슬라이더와 자폭 코드를 보여줄 레이블이 준비됐다.

자폭 코드

자폭 코드와 해킹 상태를 표시할 문자열을 지역화 파일에 추가한다.

English.txt 파일을 열고, 다음 내용을 추가한다.

```
// 해킹 상태
CodeEncrypted = Code Encrypted
Hacking = [FF6666]Hacking...
// 자폭 코드
Space = space
Neptune = neptune
Moon = moon
Mars = mars
Jupiter = jupiter
```

French.txt 파일을 열고, 다음 내용을 추가한다.

```
// 해킹 상태
CodeEncrypted = Code Crypté
Hacking = [FF6666]Piratage...
// 자폭 코드
Space = espace
Neptune = neptune
Moon = lune
Mars = mars
Jupiter = jupiter
```

자폭 코드에 필요한 지역화 문자열이 모두 준비됐다.

자폭 코드 지정

EnemyController.cs 스크립트에서 초기화 과정에 자폭 코드를 부여하는 SetDestructCode() 함수를 작성한다. 우선 필요한 변수를 선언한다.

EnemyController.cs 스크립트를 열고 전역 변수를 선언한다.

```
// 해킹 여부를 확인하는 불리언
public bool hacked = false;
// 자폭 코드를 표시할 레이블이 필요하다.
private UILabel codeLabel;
// 해킹 상태를 표시할 슬라이더가 필요하다.
private UISlider hackSlider;
// 자폭 코드를 저장해야 한다.
public string destructCode = "";
// 해킹 속도를 저장할 플롯
float hackSpeed = 0.2f;
```

이제 변수를 설정해야 한다. Initialize() 마지막에 다음 코드를 추가한다.

```
// 해킹 슬라이더를 찾는다.
hackSlider =
    transform.FindChild("DestructCode").GetComponent<UISlider>();
// 해킹 상태를 표시할 레이블을 찾는다.
codeLabel =
    hackSlider.transform.FindChild("Label").GetComponent<UILabel>();
```

이제 자폭 코드를 부여하는 SetDestructCode() 함수를 작성한다. 이 함수는 지역화된 자폭 코드의 key가 되는 문자열을 인자로 사용한다.

```
public void SetDestructCode(string randomWordKey)
{
    // randomWordKey가 비어있지 않다면...
```

```
    if(!string.IsNullOrEmpty(randomWordKey))
    {
        //... 상응하는 지역화된 문자열을 찾는다.
        destructCode = Localization.instance.Get(randomWordKey);
        // 레이블에 Code Encrypted라고 표시한다.
        codeLabel.text = Localization.instance.Get("CodeEncrypted");
    }
    // randomWordKey가 비어있으며, 해킹 슬라이더를 비활성화한다.
    else
        hackSlider.gameObject.SetActive(false);
}
```

자폭 코드를 부여하는 함수를 작성했다. 이제 해킹이 시작되면 호출할 Hack()이라는 코루틴을 추가한다.

해킹

Hack() 코루틴은 점진적으로 해킹 슬라이더를 채우고, 해킹이 끝나면 자폭 코드를 표시하는 역할을 한다.

EnemyController.cs 스크립트에 Hack() 코루틴을 추가한다.

```
IEnumerator Hack()
{
    // 레이블에 "Hacking..." 이라고 표시한다.
    codeLabel.text = Localization.instance.Get("Hacking");
    // 해킹 슬라이더가 아직 완전히 차지 않았다면
    while(hackSlider.value < 1)
    {
        // 프레임 레이트의 영향을 받지 않게, 슬라이더 value 값을 증가시킨다.
        hackSlider.value += Time.deltaTime * hackSpeed;
        // 다음 프레임을 기다린다.
        yield return null;
    }
    // 슬라이더의 값을 1로 확실하게 설정한다.
```

```
hackSlider.value = 1;
// 해킹 여부를 확인하는 불리언 변수인 hacked를 참으로 한다.
hacked = true;
// 이제 자폭 코드를 표시한다.
codeLabel.text = "[99FF99]" + destructCode;
}
```

플레이어가 적을 클릭했을 때 해킹 과정을 시작하게 만들 OnClick() 함수를
작성한다.

```
void OnClick()
{
    // 적이 자폭 코드를 갖고 있다면, 해킹을 시작한다.
    if(!string.IsNullOrEmpty(destructCode))
    StartCoroutine(Hack());
}
```

적에게 사용할 함수가 준비됐다. 이제 EnemySpawnController.cs 스크립트
를 수정해서 새로 적이 생성될 때, SetDestructCode() 함수를 호출하게 하
고, 이때 무작위로 선정한 자폭 코드를 인자로 전달한다. 이에 필요한 변수
를 선언할 것이다.

한편 씬에 있는 적을 저장하기 위해 List를 사용한다. List는 배열과 유사하
다. 그러나 Add()나 Remove() 같은 편리한 함수가 있어 관리가 한결 용이하
다. List를 사용하기 위해서는 별도의 라이브러리를 추가해야 한다.

EnemySpawnController.cs 스크립트를 연다. 스크립트의 처음 시작 부분,
두 개의 using 행 뒤에 다음 코드를 추가한다.

```
//List를 포함한다.
using System.Collections.Generic;
```

EnemySpawnController 클래스에 다음 전역 변수를 추가한다.

```
// 적이 자폭 코드를 가질 확률
public float destructCodeChance = 60;
// 자폭 코드를 저장할 문자열 타입의 배열
public string[] wordKeys;
// 생성된 적이 저장된 List
private List<EnemyController> enemies;
// 이 스크립트의 정적 인스턴스가 필요하다.
public static EnemySpawnController instance;
// 플레이어 입력을 저장할 문자열
public string currentWord;
```

Awake() 함수에서 일부 변수를 초기화한다.

```
void Awake()
{
    // 정적 변수인 instance에 현재 스크립트의 인스턴스를 저장한다.
    instance = this;
    // 리스트를 초기화 한다.
    enemies = new List<EnemyController>();
}
```

나머지 변수는 인스펙터에서 설정한다. 스크립트를 저장하고 유니티로 간다.
Viewport 하위의 Enemies 게임오브젝트를 선택한다.

Word Keys 배열을 다음과 같이 설정한다.

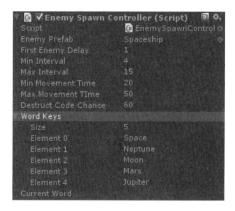

Word Keys 배열의 설정이 끝났다. EnemySpawnController.cs 스크립트로 돌아온다. SpawnEnemy() 함수의 While() 루프문 마지막에 다음 코드를 추가한다.

```
// 자폭 코드를 넣을 빈 문자열을 만든다.
string randomCode = "";
// 랜덤 함수를 이용해서 자폭 코드를 넣을지 결정한다.
// 그 다음 자폭 코드로 사용할 문자열을 위한 Word Keys를 지정한다.
if(Random.Range(0f,100f) < destructCodeChance)
    randomCode = GetRandomWord();
// 생성한 적에게 자폭 코드를 부여한다.
newEnemy.SetDestructCode(randomCode);
// 적을 리스트에 추가한다.
enemies.Add(newEnemy);
```

적이 초기화되면, 그 적을 Enemies 리스트에 추가하고, 확률에 따라 무작위로 선정된 자폭 코드를 부여한다. 사전에 정의된 Word Keys 중 하나를 무작위로 선택하는 GetRandomWord() 함수를 추가한다.

```
private string GetRandomWord()
{
    // 무작위로 선택한 Word Key를 반환한다.
    return wordKeys[Random.Range(0, wordKeys.Length)];
}
```

이제 생성된 적의 일부에는 자폭 코드가 부여된다. 그럼 List에서 적을 제거하는 함수를 만든다. 이 함수는 적이 파괴될 때 호출된다.

```
public void EnemyDestroyed(EnemyController destroyedEnemy)
{
    // 리스트에서 파괴된 적을 제거한다.
    enemies.Remove(destroyedEnemy);
}
```

EnemyController.cs 스크립트를 연다. Kill() 코루틴에서 Destroy(gameObject);

바로 앞에 다음 코드를 추가해서 파괴된 적을 List에서 제거한다.

```
// 리스트에서 적을 제거한다.
EnemySpawnController.instance.EnemyDestroyed(this);
```

스크립트를 모두 저장하고 게임을 실행한다. 해킹 슬라이더가 있는 적을 클릭하면 해킹이 시작된다. 그리고 해킹이 모두 끝나면 자폭 코드가 나타난다.

이제 마지막으로 남은 단계는 플레이어의 입력을 받고, 입력한 내용이 자폭 코드와 일치하는지 확인하는 것이다.

플레이어 입력 처리

EnemySpawnController.cs 스크립트의 Update() 함수를 이용해서 플레이어가 키보드로 입력한 내용을 확인한다. 입력한 문자를 하나하나 저장해서 적의 자폭 코드와 비교한다.

EnemySpawnController.cs 스크립트를 열고, Update()를 다음처럼 수정한다.

```
void Update()
{
    // 플레이어가 문자를 입력한다면
    if(!string.IsNullOrEmpty(Input.inputString))
    {
        // currentWord에 새로 입력된 문자를 추가한다.
        currentWord += Input.inputString;
        // 입력된 코드가 최소한 하나 이상의 적과 일치하는지 알아야 한다.
        bool codeMatches = false;
        // 적의 자폭 코드를 하나하나 확인한다.
        foreach(EnemyController enemy in enemies)
        {
            // 적이 자폭 코드를 갖고 있고, 해킹이 완료된 상태라면,
            if(enemy.destructCode != "" && enemy.hacked)
            {
```

```
            // currentWord가 자폭 코드를 포함하는가?
            if(currentWord.Contains(enemy.destructCode))
            {
                // 그렇다면 적을 파괴하고, codeMatches를 참으로 한다.
                StartCoroutine(enemy.Kill());
                codeMatches = true;
            }
        }
    }
    // 적어도 하나 이상의 적의 자폭 코드를 입력했다면,
    if(codeMatches)
    {
        // 새로운 입력을 위해 currentWord를 초기화한다.
        currentWord = "";
    }
    }
}
```

스크립트를 저장하고 게임을 실행한다. 해킹이 완료되면, 이제 자폭 코드를
타이핑해서 적을 파괴할 수 있다. 여러 적이 같은 자폭 코드를 갖고 있다면,
그들을 동시에 파괴할 수 있다.

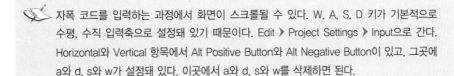

자폭 코드를 입력하는 과정에서 화면이 스크롤될 수 있다. W, A, S, D 키가 기본적으로
수평, 수직 입력축으로 설정돼 있기 때문이다. Edit ▶ Project Settings ▶ Input으로 간다.
Horizontal와 Vertical 항목에서 Alt Positive Button와 Alt Negative Button이 있고, 그곳에
a와 d, s와 w가 설정돼 있다. 이곳에서 a와 d, s와 w를 삭제하면 된다.

요약

7장에서는 앞서 배운 내용을 종합적으로 활용해서 간단한 2D 게임을 만들
었다.

씬에 인스턴스를 생성해서 적을 생성하는 시스템을 구현했다. 그리고 리지드바디와 충돌체를 이용해 적과 장애물의 충돌과 뷰포트 하단에서의 충돌을 처리했다.

또한 진행 바를 이용해서 게임의 HP 바를 만들었다. 적이 뷰포트 하단까지 도달하면 HP가 떨어지고, HP가 0 이하로 떨어지면 게임을 재시작한다.

Update() 함수에서는 플레이어의 입력을 처리하고, 입력된 문자열을 적에게 부여된 자폭 코드와 비교했다.

당장은 매우 단순한 형태의 게임이다. 다음과 같은 아이디어가 더해지면 게임의 완성도를 더욱 높일 수 있다.

- 더 많은 자폭 코드
- 플레이어의 입력 내용을 화면에 보여주는 시각적 피드백
- 플레이어가 적을 파괴함에 따라 점진적으로 적의 생성 속도 증가
- 플레이어가 적을 파괴함에 따라 점진적으로 적의 이동 속도 증가
- 점수 시스템
- Time.timeScale을 이용한 시계 아이템 구현
- 폭탄 아이템 구현
- 장애물 개수에 따른 해킹 시간의 변화(장애물이 많을수록 해킹이 빨라진다)
- 우클릭으로 배치된 장애물 제거
- 적이 남긴 아이템을 클릭하면 HP가 회복되는 기능
- 3초 안에 여러 적을 파괴했을 경우 보상을 주는 콤보 시스템
- 난이도에 따라 어려워지는 자폭 코드
- 화면 밖 적의 위치를 알려주는 표시 시스템
- 방향과 위치에 대한 정보를 주기 위한 다채로운 배경
- 메인 메뉴가 있는 게임 종료 화면과 재시작 버튼

● 튜토리얼 팝업창

이런 기능이 일부 더해진다면 게임이 훨씬 흥미로워질 것이다.

NGUI에 대한 이해를 넓히기 위해서 다음 링크에서 더 많은 튜토리얼을 참고하기 바란다. http://www.tasharen.com/forum/index.php?topic=6754

NGUI 스크립팅에 대한 문서는 http://www.tasharen.com/ngui/docs/index.html에서 확인할 수 있다.

이것으로 NGUI와 유니티에 대한 모든 내용이 끝났다. 지금까지 함께 해준 독자에게 감사의 말을 전한다. 앞으로의 모든 프로젝트에서 최고의 결과가 있기를 기원한다.

한국어판 특별 부록
NGUI를 더욱 유용하게
활용하기 위한 각종 기법

머리 부분에서 밝혔듯이 이 책의 원서는 NGUI 3.0.2를 사용했다. 이후 NGUI는 여러 차례의 업데이트가 있었고, 3.0.6과 3.0.7에서 특히 많은 변화가 있었다. 물론 이 책이 다루는 대부분의 내용은 여전히 유효하고 유용하다. 그러나 일부 내용은 더 이상 사용을 권장하지 않는deprecated 기능에 관한 것이다. 그리고 NGUI의 새로운 기능이나 사용법에 대한 설명도 다소 아쉬웠다. 이런 이유에서 처음 NGUI를 접하는 독자에게 도움이 될 수 있는 내용을 추가로 제공한다.

부록에서는 NGUI를 이용해서 크게 두 개의 UI 기능을 구현한다. 하나는 애니메이션, 드래그, 크기 조절 기능이 있는 창이다. 나머지 하나는 스크롤할 수 있는 두 개의 인벤토리 창 사이에서 드래그앤 드롭과 더블 클릭으로 아이템을 옮기는 기능이다. 이 과정에서 다음 내용을 살펴보게 된다.

- NGUI 컨텍스트 메뉴
- 인스펙터를 통한 트윈Tween 제어
- 앵커 시스템
- 다이나믹 폰트

- UIDrag Object와 UIDrag Resize 컴포넌트
- UIScroll View와 UITable 컴포넌트
- UIEventListener 클래스
- NGUITools 클래스

드래그와 크기 조절이 가능한 창

준비

1. 새로운 씬을 만들고 적절한 이름을 붙여 저장한다. NGUI ‣ Create ‣ 2D UI를 선택해서 씬에 UI Root를 생성한다.

2. UI Root 게임오브젝트를 선택하고, UIRoot 컴포넌트로 간다. 화면 해상도에 따라서 UI가 기존 비율을 유지하며 변할 수 있도록 Scaling Style을 FixedSize로 설정한다. Manual Height에는 1080을 입력한다.

3. UI Root 하위의 Camera를 선택한다. 이 책에서 사용했던 프로젝트를 계속 사용하고 있다면 Culling Mask에 2DUI가 선택돼 있을 것이다. 그렇지 않을 경우, UI를 위한 별도의 레이어를 만들어서 Culling Mask에서 지정한다.

4. UI Root 게임오브젝트를 선택한 상태에서, NGUI ‣ Create ‣ Panel을 선택해서 Panel 게임오브젝트를 UI Root의 자식으로 생성한다.

5. Panel 게임오브젝트를 선택한 상태에서 NGUI ‣ Create ‣ Sprite를 선택해서 Panel의 자식으로 Sprite 게임오브젝트를 생성한다. 그 다음 이름을 Window로 바꾼다.

6. UISprite 컴포넌트의 Atlas 필드로 NGUI가 제공하는 Wooden Atlas 프리팹을 찾아서 드래그한다. 프로젝트 뷰의 검색 상자에서 Wooden Atlas로

검색하면 쉽게 찾을 수 있다.

1. Sprite 버튼을 눌러 Flat 스프라이트를 선택한다.

2. Sprite Type에서 Sliced를 선택한다.

3. Dimensions에 800, 800을 입력한다.

7. Window 게임오브젝트를 복사하고, 복사한 게임오브젝트의 이름을 TitleBar로 바꾼다.

1. UISprite 컴포넌트의 Widget 섹션에서 Color를 R = 255, G = 0, B = 0, A = 255로 설정한다.

2. Dimensions에 400, 400을 입력한다.

컨텍스트 메뉴

컨텍스트 메뉴context menu를 이용하면 NGUI의 주요 기능에 빠르게 접근할 수 있다. 컨텍스트 메뉴를 통해서 위젯의 Depth 값을 설정하고 확인하는 방법을 살펴 본다.

TitleBar 게임오브젝트를 선택하고 인스펙터로 가면, UISprite 컴포넌트의 Widget 섹션에 "2 widgets are sharing the depth value of 0"이라는 경고 메시지가 있다.

Window와 TitleBar 게임오브젝트의 Depth 값이 같기 때문이다. TitleBar 게임오브젝트가 Window 위에 그려지도록 Depth 값을 1로 바꾼다. 여기서는 Widget

섹션의 Back, Forward 버튼을 사용하는 대신, 씬 뷰의 컨텍스트 메뉴를 이용한다.

1. 계층 뷰에서 TitleBar 게임오브젝트를 선택한다.

2. 씬 뷰를 오른쪽 마우스 버튼으로 클릭하면 컨텍스트 메뉴가 열린다.

3. Selected Sprite로 가서 하위 메뉴를 확인한다.

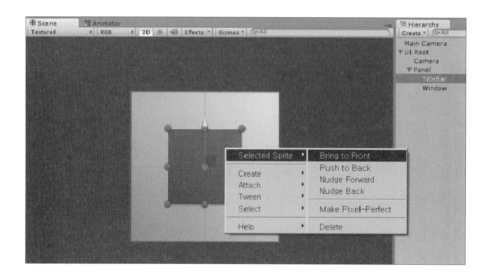

Depth 값을 설정하는 메뉴의 내용은 다음과 같다.

○ Bring to Front: 선택된 대상을 맨 앞으로 가져온다.

○ Push to Back: 선택된 대상을 맨 뒤로 가져간다.

○ Nudge Forward: 선택된 대상을 한 단계 앞으로 가져온다.

○ Nudge Back: 선택된 대상을 한 단계 뒤로 가져간다.

TitleBar를 Window 위에 그리기 위해서는 Bring to Front 또는 Nudge Forward를 선택해서 Depth 값을 0에서 1로 끌어올린다. Widget 섹션의 경고 메시지가 더 이상 보이지 않는다. 씬 뷰에서 TitleBar를 선택하고, 그 위에서 마우스 오른쪽 버튼을 클릭한다. 컨텍스트 메뉴가 뜨면 Select로 간다. Select 메뉴를 이용하면 현재 마우스가 가리키고 있는 위젯들을 Depth 순으로 정렬해서 볼 수 있고, 특정 위젯을 선택할 수 있다.

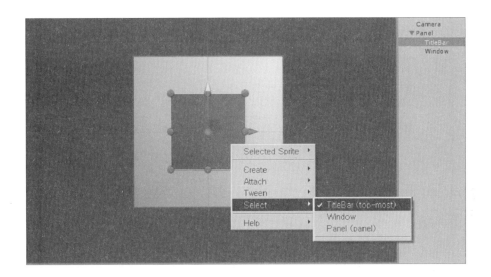

Depth 값 설정 외에도, 컨텍스트 메뉴를 통해 위젯을 생성하고, 충돌체를 추가하고, 트윈 컴포넌트를 추가하고, 선택된 위젯에 관한 온라인 문서로 가는 링크를 선택할 수 있다.

트윈

컨텍스트 메뉴를 통해 Window에 트윈 컴포넌트를 추가해서 움직이는 창을 만든다. 그리고 인스펙터의 컨텍스트 메뉴와 애니메이션 커브를 이용해서 간편하게 트윈의 시작과 끝 값을 설정하고, 애니메이션 효과를 제어하는 방법을 살펴본다.

1. 계층 뷰에서 Window 게임오브젝트를 선택한다.
2. 씬 뷰를 오른쪽 마우스 버튼으로 클릭해서 컨텍스트 메뉴를 연다.

3. Tween ﹥ Position을 선택해서 Tween Position 컴포넌트를 추가한다.

4. Window 게임오브젝트가 화면 밖으로 나가도록 씬 뷰에서 Window를 위로 옮긴다. NGUI의 Snapping 기능이 비활성화되지 않았다면, 위치 값 x, z를 0으로 유지하면서 y 값만 바꿀 수 있다. NGUI는 씬 뷰에서 조작 핸들을 이용해서 자식 위젯을 부모 위젯의 중앙, 모서리 등에 위치, 정렬시킬 수 있는 Snapping 기능을 제공한다. Snapping 기능을 끄려면 NGUI ﹥ Options ﹥ Snapping에서 Turn Off를 선택한다.

5. 이동한 Window 게임오브젝트를 선택하고, 인스펙터의 Tween Position 컴포넌트로 간다. 앞에서는 인스펙터에서 정확한 수치를 입력해서 트윈의 값을 설정했다. 컨텍스트 메뉴를 이용해서도 이 부분을 처리할 수 있다. 컴포넌트의 이름 부분을 우클릭하거나, 우측 상단의 톱니바퀴 모양의 아이콘을 누른다. 아래 네 개의 메뉴가 있다.

- Assume value 'To': 트윈 컴포넌트의 To 값을 게임오브젝트의 Transform에 지정한다.

- Assume value 'From': 트윈 컴포넌트의 From 값을 게임오브젝트의 Transform에 지정한다.

- Set 'From' to current value: 게임오브젝트의 현재 Transform 값을 트윈 컴포넌트의 To에 지정한다.

- Set 'To' to current value: 게임오브젝트의 현재 Transform 값을 트윈 컴포넌트의 From에 지정한다.

씬 뷰에서 옮긴 Window 게임오브젝트의 위치가 트윈의 시작 지점이 되도록 Set 'From' to current value를 선택한다.

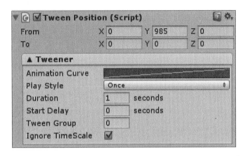

6. 트윈 시작 지점이 설정됐으면, 작업을 위해 Window 게임오브젝트를 원래 위치, 즉 트윈의 최종 지점으로 이동한다. Assume value 'To'를 선택하면 Window 게임오브젝트가 원래 위치로 돌아온다. 게임을 실행하면 Window 게임오브젝트가 화면 상단에서 내려오는 애니메이션을 확인할 수 있다.

그런데 현재 Window의 애니메이션은 선형적인 움직이다. 이징 효과를 추가해서 좀 더 자연스러운 움직임을 만든다. 앞에서는 코드를 이용해서 이징 효과를 추가했다. 여기서는 인스펙터의 애니메이션 커브를 이용한다. Window 게임오브젝트를 선택하고, Tween Position 컴포넌트로 간다.

1. Tweener 섹션에서 Animation Curve를 클릭하면 팝업 창이 열린다.

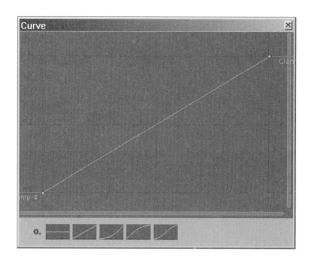

2. 하단에 다섯 개의 애니메이션 커브 프리셋이 있다. 현재 애니메이션
   의 움직임은 두 번째 커브에 해당한다. 세 번째부터 EaseIn, EaseOut,
   EaseInOut에 해당하는 프리셋이다. Window가 부드럽게 자리잡는 느낌
   을 주기 위해 네 번째 EaseOut 커브를 선택한다.

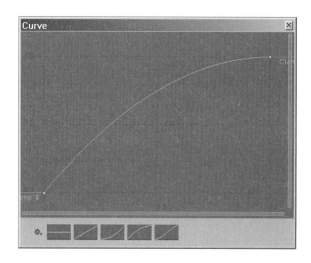

3. 게임을 실행한다. Window가 전에 비해 부드럽게 정지하는 모습을 볼
   수 있다. 오른쪽 마우스 버튼으로 커브에 키를 추가하거나, 키를 클릭

해서 핸들을 조작하면 프리셋의 효과를 강조하거나, 프리셋에 없는 다양한 애니메이션을 연출할 수 있다.

앵커

이 책에서는 위젯을 화면의 특정 부분이나 다른 위젯에 고정시키기 위해 UIAnchor 컴포넌트를 사용했다. 그리고 위젯의 크기를 화면이나 다른 위젯에 따라 늘이거나 줄이는 용도로 UIStretch 컴포넌트를 사용했다. 그런데 이 두 컴포넌트는 NGUI 3.0.7 이후부터는 더 이상 사용이 권장되지 않는다. 이 둘의 기능을 통합, 대체하는 것이 바로 패널과 위젯에 공통으로 들어있는 앵커 Anchors 섹션이다.

앵커 섹션을 이용해서 TitleBar를 Window 상단에 고정시키고, 일정한 높이를 유지하면서도 Window의 넓이에 따라서 폭이 변하게 만든다.

1. 계층 뷰에서 TitleBar 게임오브젝트를 Window의 자식으로 만든다.

2. TitleBar 게임오브젝트를 선택하고, UISprite 컴포넌트의 앵커 섹션으로 간다. Type에서 Unified를 선택한다. Target 필드에는 기본적으로 부모 게임오브젝트가 지정돼 있다.

3. TitleBar를 Window의 상단에 고정하기 위해 앵커의 설정을 다음과 같이 바꾼다.

Left, Right, Bottom, Top에서는 위젯의 각 변을 Target의 어느 기준점에 고정 시킬 것인지 결정한다. 각 항목 옆의 필드는 선택된 Target의 지점으로부터의 거리를 나타낸다. 위 설정에 따르면 TitleBar 게임오브젝트의 왼쪽, 오른쪽, 위쪽 변은 각각 Window의 왼쪽, 오른쪽, 위쪽 변에 고정된다. 단, TitleBar의 아래쪽 변은 Window의 위쪽 변에서 100만큼 내려온 곳에 고정된다. 그 결과 다음과 같이 창 상단의 타이틀 바가 만들어진다. 그림에 보이는 노란색 점이 바로 앵커가 고정된 기준점을 나타낸다.

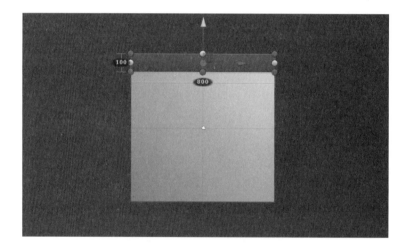

씬 뷰에서 Window 게임오브젝트를 선택한다. Window 내부를 클릭해서 여기저기로 움직이거나, 파란색 점을 드래그해서 창의 크기를 바꿔본다. Window의 크기가 변함에 따라서 TitleBar가 일정한 높이를 유지하며 변하는 것을 확인할 수 있다. 이처럼 앵커를 이용하면 이전에는 UIAnchor와 UIStretch를 함께 이용해야 하는 작업을 간단히 처리할 수 있다.

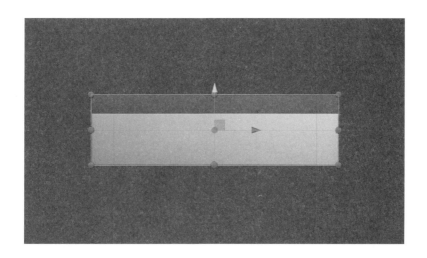

다이나믹 폰트

이 책에서는 BMFont에서 추출한 비트맵과 폰트 정보를 이용한 비트맵 폰트를 사용했다. 여기서는 다이나믹 폰트를 이용해서 타이틀 바에 레이블을 추가한다. 프로젝트 뷰에 새로운 폴더를 만들고, 사용하려는 한글 폰트를 그 안으로 옮긴다. 처음 폰트를 불러오면 다음과 같은 창이 뜨며 불러오기 과정을 진행한다.

1. 계층 뷰에서 TitleBar 게임오브젝트를 선택한다.

2. 씬 뷰에서 TitleBar 게임오브젝트를 오른쪽 마우스 버튼으로 클릭한 다음, Create > Label > Child를 선택한다. 새로운 레이블이 TitleBar의 자식으로 생성된다. 여기서 Sibling을 선택하면 계층 상에서 자식이 아닌, 동일한 부모를 가지는 형제 레이블이 생성된다.

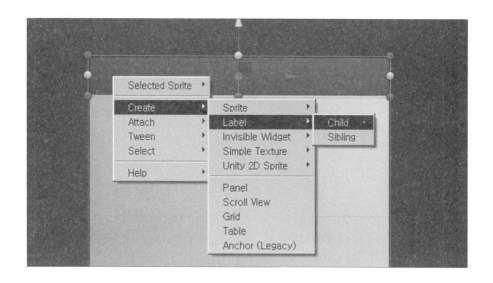

3. Label 게임오브젝트를 선택하고, UILabel 컴포넌트로 간다. Font 버튼 옆
   에 폰트 유형이 Dynamic인지 확인한다. 그 다음 폰트 필드 옆의 원형
   아이콘을 누르고, 폰트 선택 창이 뜨면 앞서 불러온 한글 폰트를 선택
   한다.

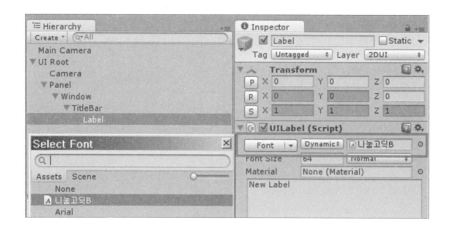

4. 텍스트 입력 창에 '윈도우 타이틀'이라고 적는다. 만약 유니티 에디터
   에서 한글 입력에 문제가 있다면 메모장 등의 문서 편집기에서 작성한

텍스트를 복사해서 붙여 넣는다. Overflow를 ResizeFreely로 설정한 다음, Font Size를 48로 바꾼다.

5. 레이블을 타이틀 바에 고정시키기 위해 앵커를 사용한다. UILabel의 앵커 섹션에서 Type을 Unified로 바꾼다. Target 필드에는 기본적으로 부모 게임오브젝트의 Transform이 연결돼 있다. 레이블은 TitleBar의 자식이기 때문에 이 설정을 그대로 사용하면 된다.

다음과 같은 타이틀 창의 레이블이 완성된다.

드래그와 리사이즈

앞에서 앵커를 살펴보는 과정에서 Window 스프라이트를 움직이고, 크기를 바꿔봤다. 이제 씬 뷰에서의 조작이 아니라, 실제 게임에서 창을 움직이고, 크기를 조절할 수 있게 만든다. 이를 위해 UIDrag Object와 UIDrag Resize 컴포넌트를 사용한다.

1. 계층 뷰에서 TitleBar 게임오브젝트를 선택하고, 오른쪽 마우스 버튼을 클릭한다.

2. 컨텍스트 메뉴에서 Attach ▶ Box Collider를 선택한다. 충돌체가 있어야 마우스에 의한 이벤트를 처리할 수 있기 때문이다.

3. TitleBar 게임오브젝트가 선택된 상태에서 Component ▶ NGUI ▶ Interaction ▶ Drag Object를 선택한다. UIDrag Object 컴포넌트가 추가된다.

4. UIDrag Object 컴포넌트의 Target 필드로 Window 게임오브젝트를 드래그한다. 마우스로 드래그할 때 실제로 움직일 대상, 즉 Transform 정보를 변경할 대상을 지정하는 곳이다. 창과 하위의 모든 위젯을 움직여야 하기 때문에 Window 게임오브젝트를 연결한다.

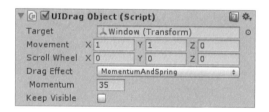

게임을 실행하고, 창의 타이틀 바를 클릭하고 여기저기로 드래그한다. 윈도우즈의 창처럼, 타이틀 바를 잡고 창을 원하는 곳으로 움직일 수 있다. 그러면 이제 창의 크기를 조절하는 기능을 추가한다.

1. 씬 뷰에서 Window 게임오브젝트를 선택한다.

2. 컨텍스트 메뉴에서 Create ▶ Sprite ▶ Child를 선택해서 자식으로 스프라

이트를 생성한다. 새 게임오브젝트의 이름을 Resize로 바꾼다.

3. Resize 게임오브젝트를 선택하고 UISprite 컴포넌트로 간다. 앞서 사용했던 Wooden Atlas가 Atlas에 선택돼 있는지 확인한다. Sprite 버튼을 클릭하고, Resize Icon 스프라이트를 선택한다.

4. Sprite Type을 Simple로 설정하고, Color는 R = 107, G = 107, B = 107, A = 255로 바꾼다.

5. 앵커 섹션으로 가서 Type을 Unified로 바꾼다. Unified 앵커를 사용하면 Dimensions 입력란이 비활성화된다. Resize 게임오브젝트를 적절한 크기로 Window의 우측 하단에 배치하기 위해 다음과 같이 앵커를 설정한다.

6. 씬 뷰에서 Resize 게임오브젝트를 선택하고, 컨텍스트 메뉴에서 Attach ▶ Box Collider를 고른다. 클릭과 드래그를 위해서는 마우스 이벤트가 필요하기 때문이다.

7. Box Collider가 추가되면 다시 컨텍스트 메뉴의 Attach로 간다. 하위 항목이 변경돼 있다. Attach에서 Drag Resize Script를 선택해서 UIDrag Resize 컴포넌트를 추가한다. 이 컴포넌트가 붙어있는 위젯을 클릭하고 드래그함으로써 다른 위젯의 크기를 바꿀 수 있다.

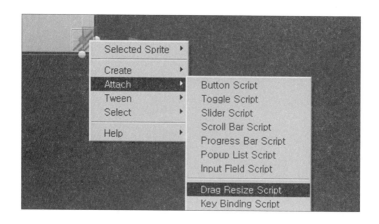

8. Resize의 UIDrag Resize 컴포넌트로 간다. Target 필드로 Window 게임오
   브젝트를 드래그한다. 크기가 변하게 될 대상을 지정하는 곳이다. 게임
   을 실행한다. 창 우측 하단을 클릭하고 드래그하면 자유롭게 창의 크
   기를 바꿀 수 있다. 그런데 창이 너무 작아지면 타이틀 바의 레이블이
   창 밖으로 튀어나온다. 이 부분을 해결하기 위해 다시 Resize의 UIDrag
   Resize 컴포넌트로 돌아간다.

9. Min Width와 Min Height에 각각 500을 입력한다. 창이 크기를 조절할 때
   최소값을 설정하는 부분이다. 다시 게임을 실행하고 창의 크기를 줄이
   면, 설정한 최소값이 반영됐음을 확인할 수 있다.

창의 크기를 줄여도 최소값 이하로 작아지지 않기 때문에 더 이상 레이블이 밖으로 튀어나오지 않는다. 이것으로 드래그와 크기를 바꿀 수 있는 창의 작업이 끝났다.

버튼과 앵커의 상대 좌표

이 책에서는 위젯 마법사를 이용해서 버튼과 기타 위젯을 생성했다. 그런데 개발사는 3.0.6 버전부터는 위젯 마법사보다는 프로젝트 뷰에서 'Control'로 검색해서 나오는 프리팹을 사용할 것을 권장한다. 부록에서는 이 방식으로 새로운 버튼을 추가하고, 앵커에서 상대 좌표를 이용해서 창의 하단에 버튼을 배치한다.

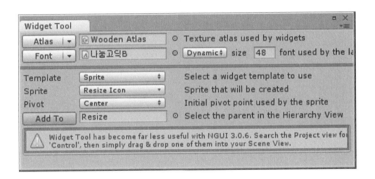

1. 프로젝트 뷰의 검색 상자에 'control'을 입력한다. 검색 결과에서 Control – Simple Button 프리팹을 찾아서 계층 뷰의 Window 게임오브젝트로 드래그한다. 씬에 버튼이 추가된다.

2. Window 하위의 Control – Simple Button 게임오브젝트를 선택하고, 이름을 Button으로 바꾼다.

3. Button 게임오브젝트의 UISprite 컴포넌트로 간다. 앵커 섹션으로 가서 Type을 Unified로 바꾼다. Target 필드에 Window 게임오브젝트가 들어있는지 확인한다. Bottom과 Top은 다음과 같이 설정한다.

20과 120은 각 Target 기준점으로부터의 거리라고 설명했다. 이 값은 픽셀 단위의 절대값이다. Window의 크기를 줄여도 창 하단으로부터 버튼 밑변까지의 거리는 20, 버튼 윗변까지의 거리는 120 픽셀을 유지한다. UIAnchor 컴포넌트의 Pixel Offset과 유사한 개념이다. 실제로 게임을 실행하고, Window의 크기를 바꿔봐도 버튼의 높이와 버튼과 창 하단의 간격은 그대로 유지된다.

4. 남아있는 Left와 Right를 설정한다. Target의 기준점을 설정하는 버튼을 누르고 Custom을 선택한다. Custom을 선택하면 Target에 대한 상대좌표를 사용할 수 있다. 각 항목의 두 개의 입력 필드 중 위 필드에 0.1과 0.9를 입력한다.

Target의 폭을 0과 1 사이의 상대 값으로 보고, 버튼의 좌, 우변의 기준점을 상대 좌표로 지정한 것이다. 이 설정에 따르면 버튼의 폭은 늘 Target 폭의 80%를 유지한다. UIAnchor에 있는 Relative Offset과 유사한 개념이다. 한편 Custom에서 슬라이더 옆의 필드를 이용하면 픽셀 단위의 Offset을 추가로 설정할 수 있다.

5. Button 하위의 Label을 선택한다. Dynamic 설정과 앞서 사용했던 한글 폰트가 선택돼 있는지 확인한다. 텍스트를 '확인'으로 바꾸고, 창이 최소화 될 경우의 버튼 크기를 감안해서 Font 사이즈를 36 정도로 키운다.

게임을 실행한다. 창의 크기를 줄이거나 늘리면서 절대 좌표와 상대 좌표가 함께 적용된 버튼의 모습을 확인한다.

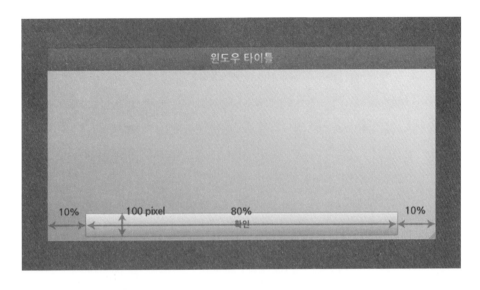

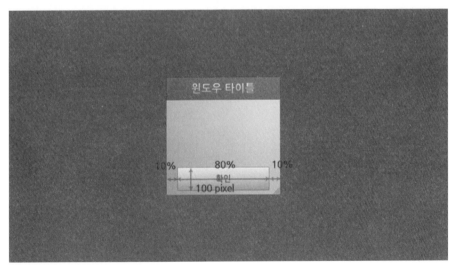

스크롤과 드래그앤드롭이 가능한 인벤토리 창

이 책에서는 UIScroll View 컴포넌트를 이용해서 드래그할 수 있는 창과 뷰포트의 드래그를 구현했다. 그런데 실제 게임에서 UIScroll View 컴포넌트가 더 많이 사용되는 곳은 상점이나 아이템 선택창 같은 곳이다. 여기서는 UIScroll View와 UITable 컴포넌트를 이용한 인벤토리 창을 만든다. 새로운 씬을 만들고 적절한 이름을 붙여 저장한다.

스크롤뷰와 테이블

1. NGUI ﹥ Create ﹥ 2D UI를 선택해서 UI Root를 생성한다.

2. UI Root 게임오브젝트를 선택하고, UIRoot 컴포넌트로 간다. 화면 해상도에 따라서 UI가 기존 비율을 유지하며 변할 수 있도록 Scaling Style을 FixedSize로 설정한다. Manual Height에는 1080을 입력한다.

3. UI Root 하위의 Camera를 선택한다. 이 책에서 사용했던 프로젝트를 계속 사용하고 있다면 Culling Mask에 2DUI가 선택돼 있을 것이다. 그렇지 않을 경우, UI를 위한 별도의 레이어를 만들어서 Culling Mask에서 지정한다.

4. UI Root 게임오브젝트를 선택한 상태에서, NGUI ﹥ Create ﹥ Panel을 선택해서 Panel 게임오브젝트를 UI Root의 자식으로 생성한다.

5. Panel 게임오브젝트를 선택한 상태에서 NGUI ﹥ Create ﹥ Sprite를 선택해서 Panel의 자식으로 Sprite 게임오브젝트를 생성한다. 그 다음 이름을 Inventory로 바꾼다.

6. UISprite 컴포넌트의 Atlas 필드로 NGUI가 제공하는 Wooden Atlas 프리팹을 찾아서 드래그한다. 프로젝트 뷰의 검색 상자에서 Wooden Atlas로 검색하면 쉽게 찾을 수 있다.
   1. Sprite 버튼을 눌러 Window 스프라이트를 선택한다.

2. Sprite Type에서 Sliced를 선택한다.

3. 앵커의 Type을 Unified로 바꾸고, Inventory 스프라이트의 위치와 크기를 설정한다.

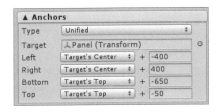

7. Inventory의 자식으로 새로운 스프라이트를 생성하고, 이름을 Titlebar로 바꾼다.

1. UISprite 컴포넌트에서 Sprite 버튼을 눌러 Window 스프라이트를 선택한다.

2. Color를 R = 200, G = 200, B = 200, A = 255로 바꾼다.

3. 앵커를 다음과 같이 설정해서 Inventory 상단에 위치하게 만든다.

8. Titlebar의 자식으로 레이블을 만들고 다음과 같이 설정한다. Effect와 Distance 필드를 이용해서 베벨bevel 효과를 사용해본다.

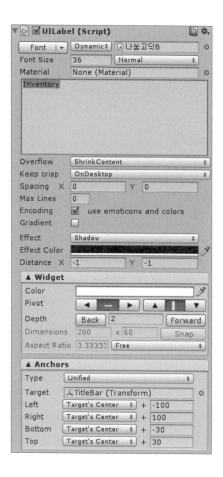

인벤토리 창이 준비됐다. 이제 UIScroll View와 UITable 컴포넌트를 이용해서 스크롤할 수 있는 아이템 슬롯을 만든다.

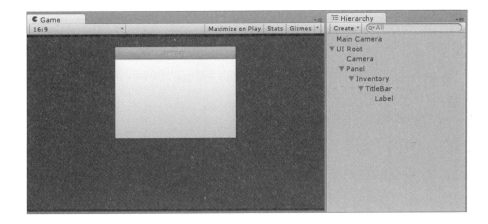

1. Inventory 게임오브젝트가 선택된 상태에서, NGUI ▶ Create ▶ Scroll View 를 누른다. Inventory의 자식으로 Scroll View 게임오브젝트가 생성된다.

2. Scroll View 게임오브젝트의 UIPanel 컴포넌트를 다음과 같이 설정한다. 우측에 좀 더 여유를 둔 까닭은 스크롤 바를 배치하기 위해서다.

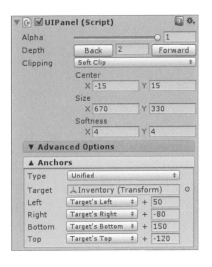

3. Scroll View 게임오브젝트의 UIScroll View 컴포넌트에서 Movement를 Vertical로 설정한다. 여기서는 상하 스크롤만 필요하기 때문이다.

4. Scroll View 게임오브젝트가 선택된 상태에서 컨텍스트 메뉴 Create ▶

Table를 눌러 Table 게임오브젝트를 자식으로 생성한다.

1. 아이템이 배치될 간격과 테이블의 위치를 확인하기 위해 임시로 스프라이트를 만든다. Table 게임오브젝트 하위에 스프라이트를 생성한다.

2. 스프라이트의 Color를 잘 보이는 색상을 바꾼 후, Dimensions에 150, 150을 입력한다.

3. Ctrl + D를 눌러 10개 정도의 복사본을 만든다.

4. Table에 있는 UITable 컴포넌트로 간다. Columns에 4를 입력한다. 4개의 열로 이뤄진 테이블을 만든다는 의미다.

5. UITable 컴포넌트 이름 부분을 오른쪽 마우스 버튼으로 클릭하고, 메뉴에서 Execute를 선택한다.

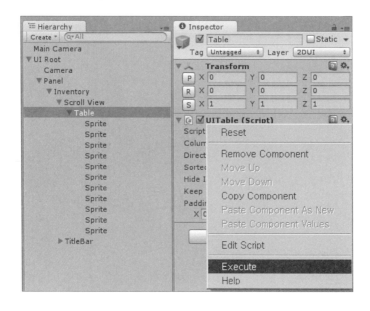

6. 에디터 상에서 테이블 하위의 스프라이트가 4열로 정렬된다. 씬 뷰에서 테이블을 움직여 스크롤 뷰 안에 들어오도록 위치를 잡는다. 동시에 UITable 컴포넌트에의 Padding 파라미터를 통해 아이템 간의

적절한 간격을 맞춘다. 이 과정에서 앞서 사용한 Execute를 이용하면 도움이 된다. 예제에서는 다음과 같은 설정을 사용했다.

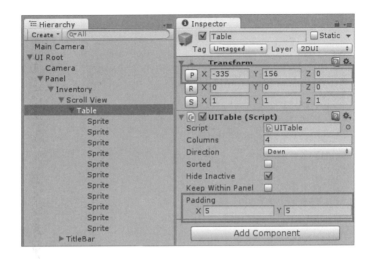

인벤토리 창 내부에 테이블을 이용해서 아이템을 정렬했다. 이제 스크롤 바를 만들어 아이템 슬롯을 상하로 스크롤할 수 있게 만든다.

1. 우선 기준이 될 스크롤 뷰의 영역을 확실히 표시하기 위해 Inventory 게임오브젝트 하위에 스프라이트를 생성한다.

1. 이름을 ScrollBackground로 바꾼다.

2. Sprite에서 Flat 스프라이트를 선택한다.

3. Depth 값을 1로 설정한다.

4. 스크롤 뷰의 영역과 일치하도록 다음과 같이 앵커를 설정한다.

2. 프로젝트 뷰의 검색 상자에 Scroll이라고 입력한다. 검색 결과 중에 Control - Simple Vertical Scroll Bar라는 프리팹이 있다. 이 프리팹을 계층 뷰의 Inventory로 드래그해서 자식으로 만든다. 이름을 ScrollBar로 바꾼다.

1. ScrollBar 게임오브젝트의 UISprite 컴포넌트로 간다. 형태와 위치를 확실히 구분하기 위해 Color를 R = 220, G = 220, B = 220, A = 255로 바꾼다.

2. Depth 값을 1로 설정한다.

3. 앞서 스크롤뷰의 영역을 설정할 때 스크롤 바의 자리를 남겨뒀다. ScrollBar 게임오브젝트를 그 자리에 배치한다. UISprite 컴포넌트에서 다음과 같이 앵커를 설정한다.

3. Scroll View 게임오브젝트의 UIScroll View 컴포넌트로 간다. Scroll Bars 섹션의 Vertical 필드로 계층 뷰의 ScrollBar 게임오브젝트를 드래그한다.

게임을 실행한다. 스크롤 바를 움직이면 테이블에 정렬된 아이템을 위아래로 움직일 수 있다.

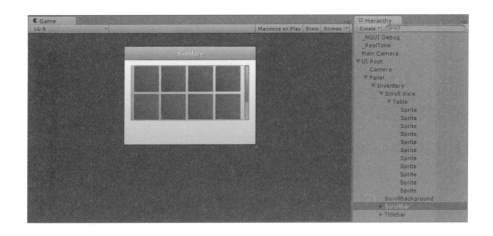

드래그앤드롭

UIScroll View와 UITable을 이용해서 스크롤할 수 있는 간단한 인벤토리 창을 만들었다. 이제는 인벤토리 창 간에 드래그앤드롭을 이용해서 아이템을 옮길 수 있는 기능을 구현한다. 이 과정에서 이 책에서 소개한 방법이 아닌, NGUI가 제공하는 UIDrag Drop Container, UIDrag Drop Item, UIDrag Drop Root 컴포넌트를 사용한다. 우선 앞서 테이블의 레이아웃을 잡기 위해 사용했던 임시 스프라이트들을 삭제하고, 드래그앤드롭에 사용할 수 있는 아이템을 만든다.

1. Table 게임오브젝트 하위의 스프라이트들을 모두 삭제한다.
2. Table 게임오브젝트 하위에 새로운 스프라이트를 생성한다.
   1. 이름을 Item으로 바꾼다.
   2. Sprite에서 Button 스프라이트를 선택한다.
   3. Dimensions에 150, 150을 입력한다.

3. Item 게임오브젝트를 선택한다.

   1. Box Collider를 추가한다.

   2. 컨텍스트 메뉴에서 Attach ▶ Drag Scroll View를 선택해서 UIDrag Scroll View 컴포넌트를 추가한다.

   3. Component ▶ NGUI ▶ Interaction ▶ Drag and Drop Item을 선택해서 UIDrag Drop Item 컴포넌트를 추가한다. Restriction을 Horizontal로 설정한다. 아이템의 드래그 여부를 확인할 때 사용할 조건을 지정하는 곳이다. Horizontal을 선택할 경우, 수평 방향으로 드래그했을 때만 아이템을 드래그한 것으로 판정한다. 수직 방향의 드래그는 앞서 추가한 UIDrag Scroll View 컴포넌트 때문에 스크롤 뷰를 드래그한 것으로 간주한다.

4. 아이템에 간단한 아이콘을 추가한다. Item 게임오브젝트를 선택하고, 하위에 새로운 스프라이트를 생성한다.

   1. 이름은 Icon으로 바꾼다.

   2. UISprite 컴포넌트의 Sprite에서 Emoticon - Skull을 선택한다.

   3. Sprite Type을 Simple로 설정한다.

   4. 다음과 같이 앵커를 설정한다.

5. 아이템을 드롭할 수 있는 영역과 드롭된 아이템의 계층 상의 부모를 지정한다. Inventory 게임오브젝트를 선택한다.

   1. Component ▶ NGUI ▶ Interaction ▶ Drag and Drop Container를 선택해서 UIDrag Drop Container 컴포넌트를 추가한다.

   2. Table 게임오브젝트를 Reparent Target 필드로 드래그한다. 아이템이 드롭되면 Reparent Target에 지정된 게임오브젝트, 즉 Table의 자식이 되며 정렬된다.

   3. Inventory 게임오브젝트에 Box Collider를 추가한다. 이 충돌체는 드롭할 수 있는 영역을 정의한다. 따라서 Scroll View의 영역에 맞도록 충돌체의 Center와 Size를 조절한다.

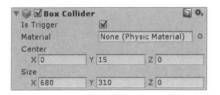

   4. 그런데 여기서는 Inventory 게임오브젝트에 있는 UISprite의 Dimensions와 충돌체의 영역이 다르다. UISprite에 있는 Box Collider auto-adjust match를 해제하지 않으면 충돌체의 설정이 UISprite의 Dimensions에 맞게 되돌아간다. Box Collider auto-adjust match 옵션을 해제한다.

5. 충돌체로 정의된 드롭 영역을 드래그하거나 그 위에서 마우스 휠로 아이템을 스크롤할 수 있도록 Inventory 게임오브젝트에도 UIDrag Scroll View 컴포넌트를 추가한다. UIDrag Scroll View 컴포넌트의 Scroll View 필드로 Scroll View 게임오브젝트를 드래그한다.

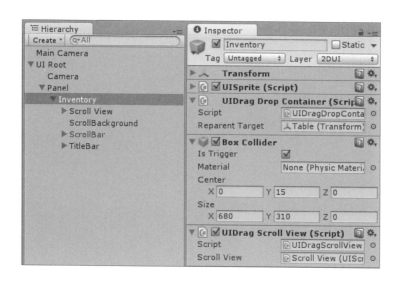

씬을 저장하고, 게임을 실행한다. 스크롤 뷰 영역을 드래그하거나 마우스 휠을 움직이면 아이템이 상하로 스크롤된다. 한편 아이템을 클릭하고 스크롤 뷰 밖으로 드래그하면 아이템이 사라지고, 마우스 버튼을 놓으면 아이템이 원래 위치로 복귀한다. 이제 아이템을 주고 받을 수 있는 새로운 창을 만든다.

1. 아이템을 주고받을 수 있는 또 다른 창이 필요하다. Inventory 게임오브젝트를 복사한다.

   1. 이름을 Backpack으로 바꾼다.
   2. 현재는 Inventory와 Backpack 게임오브젝트가 같은 위치에 겹쳐 있다. 씬 뷰에서 각 오브젝트의 위치를 다음과 같이 변경한다.

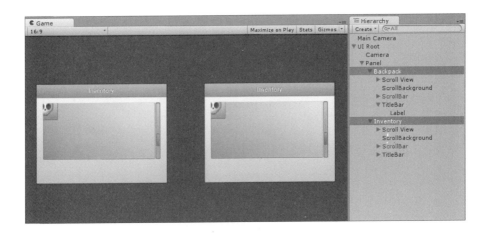

2. 계층 뷰에서 Backpack ▶ TitleBar ▶ Label로 간다. UILabel의 텍스트를 Back Pack으로 바꾼다.

3. 두 창의 아이템이 구별될 수 있도록 아이템의 모양도 바꾼다. 계층 뷰에서 Backpack ▶ Scroll View ▶ Table ▶ Item 게임오브젝트를 선택한다.

   1. 이름을 BackpackItem으로 바꾼다.
   2. UISprite 컴포넌트에서 Color를 R = 150, G = 150, B = 150, A = 255로 바꾼다.
   3. BakpackItem 하위의 Icon 게임오브젝트를 선택한다. UISprite 컴포넌트에서 Sprite를 Emoticon - Dead로 바꾼다.

4. 각 창에 여러 아이템이 있도록 Backpack ▶ Scroll View ▶ Table ▶ BakpackItem 게임오브젝트와 Inventory ▶ Scroll View ▶ Table ▶ Item 게임오브젝트를 각각 4개 정도 복사한다.

게임을 실행한다. 인벤토리 창에서 가방 창으로 아이템을 옮긴다. 또는 반대로 아이템을 옮긴다. 아이템이 다른 창으로 옮겨간다. 이때 어떤 창에서 아이템의 개수가 8개를 넘으면 스크롤 바가 생긴다.

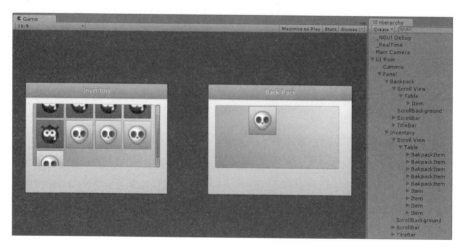

드래그앤드롭의 기능이 대부분 정상적으로 작동한다. 그러나 몇 가지 문제가 남아있다. 첫 번째 문제는 아이템이 원래 있던 창의 스크롤뷰 영역, 즉 클리핑 영역을 벗어나면서 사라지고, 드롭된 창에서 갑자기 나타난다는 점이다. 두 번째는 아이템을 드래그할 때, 창에 있던 다른 아이템들과 Depth 값이 같기 때문에 겹침 현상이 발생한다. 세 번째는 아이템이 다른 창으로 갔을 때, 기존 창에 있던 아이템들이 제대로 재정렬하지 못해서 중간에 빈 칸이 남는 다는 점이다. 이 문제를 해결하기 위해 필요한 것이 바로 UIDrag Drop Root 컴포넌트다. 현재 두 창이 그려진 패널 위에 새로운 패널을 만들고, 이 컴포넌트를 연결한다.

1. 계층 뷰에서 UI Root 게임오브젝트를 선택하고, 하위에 Panel을 생성한다.
   1. Panel의 이름을 DragRoot로 바꾼다.
   2. 이 패널은 두 창보다 위에 그려져야 한다. Depth 값이 3인지 확인한다.
2. DragRoot 게임오브젝트를 선택하고, Component 〉 NGUI 〉 Interaction 〉 Drag and Drop Root를 눌러 UIDrag Drop Root 컴포넌트를 추가한다.

게임을 실행하면서 계층 뷰를 살펴본다. 아이템이 드래그 상태에 접어들면, 아이템은 기존 테이블에서 나와서 더 큰 Depth 값을 가진 패널인 DragRoot의 자식이 된다. 그리고 아이템을 드롭하면 다시 드롭된 테이블의 자식이 된다. 이 중간 과정을 통해 앞에서 말한 세 가지 문제점을 해결할 수 있다.

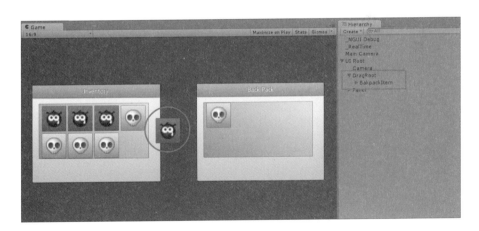

스크립트를 통한 UI 관리

드래그앤드롭으로 아이템을 옮길 수 있는 두 개의 창을 만들었다. 이제 스크립트를 이용해서 더블 클릭으로 아이템을 다른 창으로 옮기는 기능과 버튼을 통해 아이템을 모두 인벤토리 창으로 되돌리는 기능을 추가한다. 이 과정에서 원격으로 발생하는 이벤트를 처리할 수 있는 UIEventListener 클래스와 NGUI의 유용한 함수를 소개한다.

1. 프로젝트 뷰의 검색 상자에 button을 입력해서 Control – Simple Button 프리팹을 찾는다.

2. Control – Simple Button 프리팹을 계층 뷰의 Backpack 게임오브젝트로 드래그해서 자식으로 만든다. 그 다음 이름을 Button으로 바꾼다.

3. Button의 Sprite 컴포넌트로 간다.

   1. Sprite에서 Button을 선택한다.

   2. Depth 값이 4인지 확인한다.

   3. 다음과 같이 앵커를 설정해서 창의 중앙 하단에 버튼을 배치한다.

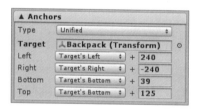

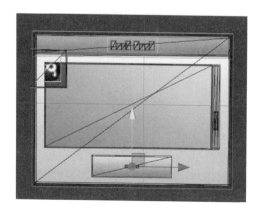

4. Button 하위의 Label로 가서 다음과 같이 설정한다.

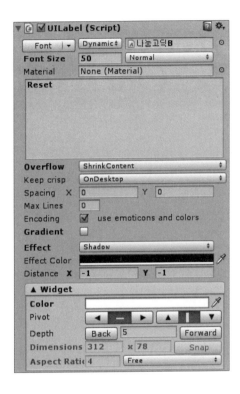

스크립트에서 가방에 있는 모든 아이템을 한 번에 인벤토리로 되돌리는 함수를 만들고, 이 버튼과 연결한다. 이 책에서는 UIButton 컴포넌트의 Notify 필드에서 특정 함수를 선택하는 방식을 사용했다. 부록에서는 스크립트에서 UIEventListener 클래스를 사용해서 버튼에서 발생하는 이벤트에 따라서 특정 이벤트 함수를 호출한다.

1. 계층 뷰에서 새로운 빈 게임오브젝트를 생성하고, 이름을 UIManager로 바꾼다.

2. ItemManager.cs 라는 이름의 스크립트를 생성하고, UIManager에 추가한다. 부록에 사용된 ItemManager.cs 스크립트 파일은 에이콘출판사 도서정보 페이지에서 내려받은 파일에 포함돼 있다.

3. 다음 변수를 선언한다.

```
// 아이템을 인벤토리로 되돌릴 리셋 버튼
public GameObject resetButton;
// 인벤토리에서 아이템을 담는 테이블 게임오브젝트
public GameObject invenTable;
// 가방에서 아이템을 담는 테이블 게임오브젝트
public GameObject backpackTable;
// 가방에 들어있는 모든 아이템을 저장할 리스트
private List<Transform> itemsInBackpack = new List<Transform>();
```

4. List를 사용하기 때문에 using System.Collections; 뒤에 다음 네임 스페이스를 추가한다.

```
using System.Collections.Generic;
```

5. 스크립트를 저장하고 유니티로 돌아온다. UIManager 게임오브젝트를 선택하고 ItemManager 컴포넌트로 간다.

   1. 계층 뷰에서 Backpack ▶ Button 게임오브젝트를 찾아서 Reset Button 필드로 드래그한다.

   2. Inventory ▶ Scroll View ▶ Table 게임오브젝트를 Inven Table 필드로 드래그한다.

   3. Backpack ▶ Scroll View ▶ Table 게임오브젝트를 Backpack Table 필드로 드래그한다.

6. Start() 함수를 작성한다. NGUI가 제공하는 UIEventListener 클래스를 사용한다.

```
void Start () {
    // 이벤트리스너를 이용해 리셋 버튼의 onClick 이벤트에
    // 이벤트 함수를 추가한다.
    UIEventListener.Get(resetButton).onClick += Button;
}
```

7. 리셋 버튼에서 onClick 이벤트가 발생할 때 호출할 이벤트 함수를 작성한다.

```
void Button(GameObject go){
```

```
if(go == resetButton) {
    // 현재 가방에 있는 모든 아이템을 itemsInBackpack 리스트에 담는다.
    foreach(Transform itemTransform in backpackTable.transform)
    {
        itemsInBackpack.Add (itemTransform);
    }
    // itemsInBackpack 리스트에 있는 모든 아이템의 부모를
    foreach(Transform item in itemsInBackpack){
        // 인벤토리의 테이블로 바꾼다.
        item.parent = invenTable.transform;
        // MarkParentAsChanged() 함수를 호출해서
        // 부모가 바뀌었음을 자식 위젯에 알린다.
        NGUITools.MarkParentAsChanged(item.gameObject);
    }
    // 인벤토리 테이블에 있는 아이템을 정렬한다.
    invenTable.GetComponent<UITable>().repositionNow = true;
    //아이템을 모두 비웠으면 itemsInBackpack 리스트도 비운다.
    itemsInBackpack.Clear();
    }
}
```

게임을 실행하고 리셋 버튼을 누른다. 가방 창에 있는 모든 아이템이 인벤토리 창으로 넘어간다.

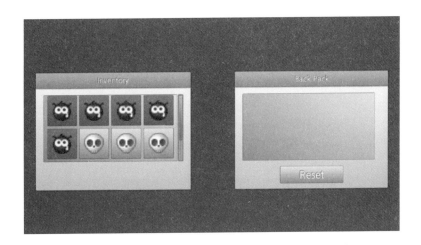

UIEventListener를 사용하는 방식은 C#에서 델리게이트delegate와 이벤트를 사용하는 방식과 같다. 이벤트 함수를 추가할 경우는 +=를 사용하고, 이벤트 함수를 삭제할 경우는 -=을 사용한다.

```
// 이벤트 함수 추가
UIEventListener.Get(게임오브젝트).이벤트종류 += 이벤트 함수;
// 이벤트 함수 삭제
UIEventListener.Get(게임오브젝트).이벤트종류 -= 이벤트 함수;
```

UIEventListener의 장점은 하나의 함수 안에서 여러 버튼을 함께 관리할 수 있다는 점이다. 새로운 버튼에 동일한 이벤트 함수 Button()을 추가한다고 가정한다.

```
UIEventListener.Get(버튼).onClick += Button;
```

그 다음 Button 함수에서 if(go == 버튼)이라는 조건문을 이용하면 버튼이 실행할 내용을 정의할 수 있다.

```
if(go == 새 버튼) {
    실행할 내용
}
```

이 부분은 뒤에서 더블 클릭으로 아이템을 이동하는 기능을 구현하며 다시 한 번 살펴보기로 한다.

한편 NGUITools.MarkParentAsChanged(게임오브젝트) 함수는 위젯의 부모가 바뀔 때 호출해야 한다. 위 코드에서는 item.parent = invenTable.transform;을 통해 가방에 있는 아이템의 부모를 인벤토리의 테이블로 바꿨다. 그런데 이 상태에서는 게임오브젝트의 계층 구조는 바뀌지만 위젯이 제대로 그려지지 않는다. 이때 NGUITools.MarkParentAsChanged(게임오브젝트) 함수를 호출하면 그 게임오브젝트 하위에 있는 모든 위젯을 갱신해서 제대로 그려지게 한다.

그 다음 새로 부모가 된 인벤토리 테이블의 UITable 컴포넌트를 찾아서 repositionNow을 참으로 바꿨다. UITable이나 UIGrid에서 repositionNow를 참으로 바꾸면 바로 다음 프레임에 하위에 있는 게임오브젝트를 테이블 또는 그리드에 맞게 정렬한다.

가방의 아이템을 모두 인벤토리로 옮기는 리셋 버튼 기능을 만들었다. 이제 마지막으로 드래그앤드롭이 아닌 더블 클릭으로 아이템을 옮기는 기능을 구현한다. 바로 앞에서 살펴본 UIEventListener를 이용해서 모든 아이템에 이벤트 함수를 추가하고, 아이템에서 더블 클릭 이벤트가 발생했을 때 부모를 바꾸고 재정렬해주면 된다.

1. ItemManager.cs 스크립트로 가서 itemsInBackpack 변수 뒤에 새로운 변수를 선언한다.

```
// 가방과 인벤토리에 있는 모든 아이템을 저장할 리스트
private List<GameObject> allItems = new List<GameObject>();
```

2. Start() 함수로 간다. 리셋 버튼에 이벤트 함수를 연결한 뒷부분에 다음 코드를 추가한다.

```
// 가방에 있는 모든 아이템을 allItems 리스트에 담는다.
foreach(Transform itemTransform in backpackTable.transform) {
    allItems.Add (itemTransform.gameObject);
}
// 인벤토리에 있는 모든 아이템을 allItems 리스트에 담는다.
foreach(Transform itemTransform in invenTable.transform) {
    allItems.Add (itemTransform.gameObject);
}
// allItems에 들어있는 모든 아이템의 onDoubleClick 이벤트에
// 이벤트 함수를 추가한다.
foreach(GameObject item in allItems){
    UIEventListener.Get(item).onDoubleClick += Button;
}
```

3. 이벤트 함수인 Button()으로 가서 if(go == resetButton) {…} 뒤에 다음 조건문을 추가한다.

```
    // 이벤트를 발생한 게임오브젝트가 allItems 리스트에 들어있으면
    if(allItems.Contains(go)) {
        // 부모가 되는 테이블을 바꾼다.
        if(go.transform.parent == invenTable.transform) {
            go.transform.parent = backpackTable.transform;
        } else if (go.transform.parent == backpackTable.transform) {
            go.transform.parent = invenTable.transform;
        }

        // 하위 위젯에게 부모가 변경됐음을 알려주고,
        // 두 테이블을 모두 재정렬한다.
        NGUITools.MarkParentAsChanged(go);
        backpackTable.GetComponent<UITable>().repositionNow = true;
        invenTable.GetComponent<UITable>().repositionNow = true;
    }
```

스크립트를 저장하고, 게임을 실행한다. 이제 드래그하지 않아도 더블 클릭
만으로 아이템을 반대편 창으로 옮길 수 있다. UIEventListener를 이용해서
10여 개의 아이템의 일괄적으로 이벤트 함수를 추가했다. 그 다음 이벤트 함
수에서 if(allItems.Contains(go)) 조건문을 통해서 더블 클릭 이벤트를
처리했다. 이처럼 스크립트를 이용하면 유니티 에디터 상에서 처리하기 번
거로운 작업을 쉽고 빠르게 처리할 수 있다.

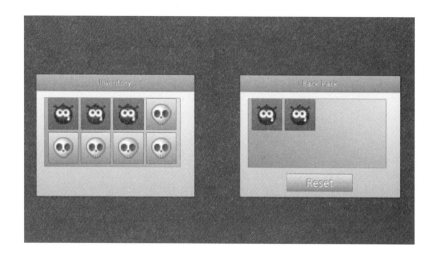

지금까지 앵커 시스템, 다이나믹 폰트, `UIDrag Object`와 `UIDrag Resize` 컴포넌트, `UIEventListener` 클래스, `NGUITools` 클래스 등 원서에서 다루지 않은 NGUI의 기능과 활용을 살펴봤다. 원서와 부록에서 다룬 내용 이상으로 NGUI에는 다양한 기능이 있다. 여기서는 지면의 제약으로 더 많은 내용을 소개하지는 못한다. 대신 타샤렌Tasharen의 공식 튜토리얼, 예제 프로젝트, 웹에 공개된 다양한 자료를 통해 부족한 부분을 스스로 채워나가길 바란다. 그리고 NGUI를 이용한 개발 과정에서 문제가 생기면 유니티 공식 포럼이나 타샤렌Tasharen의 NGUI 포럼을 활용하기를 적극 권장한다.

찾아보기

에이콘출판의 기틀을 마련하신 故 정완재 선생님 (1935-2004)

손쉽고 간편한 게임 GUI 제작을 위한

유니티 NGUI 게임 개발

초판 인쇄 | 2014년 4월 14일
1쇄 발행 | 2014년 11월 28일

지은이 | 찰스 버나도프
옮긴이 | 조 형 재

펴낸이 | 권 성 준
엮은이 | 김 희 정
　　　　김 영 은
표지 디자인 | 한국어판_그린애플
본문 디자인 | 연 다 혜

인　쇄 | 한일미디어
용　지 | 한신 P&L

에이콘출판주식회사
경기도 의왕시 계원대학로 38 (내손동 757-3) (437-836)
전화 02-2653-7600, 팩스 02-2653-0433
www.acornpub.co.kr / editor@acornpub.co.kr

Copyright ⓒ 에이콘출판주식회사, 2014, Printed in Korea.
ISBN 978-89-6077-545-9
ISBN 978-89-6077-210-6 (세트)
http://www.acornpub.co.kr/book/ngui-for-unity

이 도서의 국립중앙도서관 출판시도서목록(CIP)은 서지정보유통지원시스템 홈페이지(http://seoji.nl.go.kr)와
국가자료공동목록시스템(http://www.nl.go.kr/kolisnet)에서 이용하실 수 있습니다.(CIP제어번호: CIP2014011636)

책값은 뒤표지에 있습니다.